Schwierige Kinder besser verstehen

Prof. Dr. med. Ursel Mielke

Schwierige Kinder besser verstehen

Die Autorin:
Prof. Dr. med. Ursel Mielke, Ärztin für Neurologie und Psychiatrie sowie für Kinder- und Jugendpsychiatrie, ist Ärztliche Leiterin der Institutsambulanz am Institut für Rehabilitationswissenschaften der Humboldt-Universität Berlin. In interdisziplinärer Zusammenarbeit mit Psychologen und Rehabilitationspädagogen betreut sie seit vielen Jahren behinderte und verhaltensauffällige Kinder, Jugendliche und Erwachsene.

Die Deutsche Bibliothek – CIP-Einheitsaufnahme

Mielke, Ursel:

Schwierige Kinder besser verstehen : [Ursachen erkennen, Vertrauen schaffen, Probleme lösen] / Ursel Mielke. – Küttigen/Aarau : Midena, 1996

ISBN 3-310-00180-6

Es ist nicht gestattet, Abbildungen dieses Buches zu scannen, in PCs oder auf CDs zu speichern oder in PCs/Computern zu verändern oder einzeln oder zusammen mit anderen Bildvorlagen zu manipulieren, es sei denn mit schriftlicher Genehmigung des Verlages.

Midena Verlag, CH-5024 Küttigen/Aarau
© 1996 Weltbild Verlag GmbH, Augsburg
Alle Rechte vorbehalten

Redaktion: Franz Leipold
Zeichnungen: Klaus Dursch, Fürth
Abbildung Seite 98 aus Lewis Carroll »Alice hinter den Spiegeln«, mit freundlicher Genehmigung des Insel Verlages
Satz und Layout: Marion Kraus, gesetzt aus der Excelsior
Umschlaggestaltung: Steinkaemper/Lohmann, Igling
Umschlagfotos: Mauritius/AGE (Titelbild und Rückseite)
S/L-Kommunikation (seitliche Abbildung)
Druck und Bindung: Presse-Druck Augsburg
Printed in Germany
ISBN 3-310-00180-6

Inhalt

Einleitung:
Das Wechselspiel zwischen
Mensch und Umwelt 6

Körper + Seele = Mensch 8
Was ist Streß? 11
– Welche Bedingungen führen zu
   den genannten Reaktionen. 12
Was ist Konstitution? 16
– Woher kommt eigentlich die
   Konstitution? 16
– Wodurch kann die Konstitution
   des sich entwickelnden Kindes
   beeinflußt werden? 16
– Was können die Eltern tun? 18
Temperament, Charakter und
Persönlichkeit 19
Die Aufgaben des vegetativen
Nervensystems 23
– Somatisches Nervensystem 23
– Vegetatives Nervensystem 23

Das Kind in seiner Umgebung . 30
Familie 30
Kindergarten 38
Schule 42
Die Gruppe der Gleichaltrigen ... 49
Der Einfluß der Medien 54

Schwierigkeiten, die jeder
bemerkt 62
Das überaktive Kind 62
– Behandlung des hyper-
   kinetischen Syndroms 65
Das aggressive Kind 74
– Wie verhalten sich aggressive
   Kinder? 78
– Behandlung aggressiver Kinder ... 79

Nägelbeißen 81
Körperschaukeln 84
Der Tic 87
– Wie kann sich ein Tic äußern? ... 87
– Behandlung eines Tics 89
Das geltungssüchtige Kind 92
– Was können Eltern tun, wenn
   ihre Kinder allzu geltungssüchtig
   sind? 95

Die stillen Schwierigkeiten 96
Kopfschmerzen 96
– Ursachen 97
– Beschwerdebild 98
– Migräneformen 99
– Wie kommt es zu
   Kopfschmerzen? 100
– Behandlung von
   Kopfschmerzen 103
Schlafstörungen 107
– Sprechen im Schlaf 113
– Nächtliches Aufschrecken
   (Pavor nocturnus) 114
– Nachtwandeln 115
Einnässen 116
– Behandlung 119
Daumenlutschen 121
Das übergewissenhafte Kind ... 123
Das schüchterne Kind 126

Das Kind als Teil
der Gesellschaft 132

Literatur 137

Glossar 138

Sachregister 140

Einleitung: Das Wechselspiel zwischen Mensch und Umwelt

Oft bin ich gefragt worden: »Kann meine Tochter meine Kopfschmerzen geerbt haben? Ist das Stottern vom Vater, den unser Kind gar nicht kennt?« Oder die Großmutter sagt über den kleinen Stefan: »So zappelig und unkonzentriert wie er war sein Vater als Kind auch.« Oder der Vater eines zehnjährigen Jungen, der häufig nachts einnäßt, erinnert sich, als Kind auch hin und wieder ins Bett gemacht zu haben. Dann sei es nicht mehr vorgekommen. Deshalb hatte er es vergessen.

Kann man solche Störungen erben? Kann man auch Eigenschaften wie Nervenstärke, Intelligenz, Aktivität oder ein heiteres Gemüt erben? Bei körperlichen Merkmalen wie Haarfarbe oder Größe weiß jeder, daß Ähnlichkeiten zwischen Eltern und Kindern kein Zufall sind. Man kann selbstverständlich auch psychische Anlagen genau wie körperliche erben. Das ist eine bewiesene Tatsache. Es sind aber eben nur Anlagen, die vererbt werden. Bereits im Mutterleib werden sie durch Umwelteinflüsse in ihrem Rahmen modifiziert. Diese Einflüsse können die Anlage zur vollen Entfaltung bringen, sie verändern oder auch verkümmern lassen.

Beim »fertigen Produkt«, z.B. einem Kind mit Verhaltensstörungen oder geringer Leistungsfähigkeit, ist es sehr schwer, ja eigentlich unmöglich, die Anteile von Umwelt und Vererbung zu trennen, denn im Laufe der Entwicklung dieses Kindes haben ständig **Wechselwirkungen dieser beiden Komponenten** stattgefunden.

Wir wissen, welch wichtige Rolle für die Entwicklung des Kindes eine harmonische und stabile **Familie** mit Bezugspersonen spielt. Hier fühlt sich der Säugling geborgen. Dieses im ersten Lebensjahr entstehende »Urvertrauen« ist entscheidend für die Entwicklung einer selbstbewußten eigenständigen Persönlichkeit. Allerdings sind Liebe und Zuwendung allein nicht ausreichend für die Entfaltung aller Möglichkeiten, die unser Gehirn in sich birgt.

Bei vielen Kindern wird schon im vorschulischen Alter das Elternhaus durch den **Kindergarten** ergänzt. Gerade für Kinder aus einer reizarmen Umgebung oder aus schwierigen (dissozialen) Familien, in denen überhaupt keine Normen im Zusammenleben bestehen und die Kinder vernachlässigt oder gar mißhandelt werden, ist der frühe Aufenthalt in Kindertagesstätten günstig.

Der formende Einfluß der Umwelt auf die Entwicklung des Kindes mit seinen Anlagen kann sich also in jeder Beziehung fördernd oder hemmend auswirken. Wichtig dabei ist auch der Zeitpunkt. Wissenschaftliche Forschungen belegen, daß es für Lernprozesse bestimmte günstige, sogenannte **sensible Entwicklungsphasen** gibt.

Im Säuglingsalter ist die liebevolle Zuwendung der Mutter oder einer anderen Bezugsperson besonders entscheidend. Das Kind muß sich vollkommen sicher und geborgen fühlen. Auf dieser Grundlage kann es später seine Wünsche gegen die Forderungen anderer behaupten und sich durchsetzen. Kann dieses Urvertrauen nicht entstehen, ist es schwer, das zu einem späteren Zeitpunkt nachzuholen. Häufig bleiben diese Menschen ihr Leben lang unsicher und ohne Selbstvertrauen. Sie klammern sich an jeden, der sich nähert, vereinnahmen ihn, können Nähe und Distanz schlecht abwägen. Sie sind oft weniger bindungsfähig; trotz vieler Kontakte bleibt bei ihnen vieles an der Oberfläche.

Aber nicht nur für die psychische Entwicklung gibt es sogenannte sensible Phasen, sondern auch für die Herausbildung geistiger Fähigkeiten. Bemerken Eltern beispielsweise eine Sehschwäche ihres Kindes nicht oder wird diese erst spät korrigiert, so entwickelt das Kind bestimmte Sehleistungen nicht mehr. Die Sehrinde konnte monate- oder gar jahrelang nur wenige oder gar keine Informationen empfangen und ist demzufolge stark unterentwickelt. Genauso ist es bei anderen Dingen: Wenn das Kind keine Möglichkeit hat, seine Geschicklichkeit, seine Sprachfähigkeit und vieles mehr zu üben, verkümmern diese Eigenschaften. Die Volksweisheit »Was Hänschen nicht lernt, lernt Hans nimmermehr« ist also durchaus zutreffend.

Mit etwa sechs Jahren ist das Kind in der Lage, sich längere Zeit konzentriert mit einer Sache zu beschäftigen. Es ist »schulreif«. In der **Schulzeit** verbringt das Kind einen großen Teil des Tages fern vom eigentlichen Leben. Es lernt gemeinsam mit anderen, wie man systematisch geistig arbeitet und selbständig Aufgaben löst. So wird das Kind mit der Zeit fähig, die Welt in ihrer Vielfalt zu kategorisieren und aus der Fülle an Informationen das Wesentliche herauszufiltern.

In dieser Zeit schließen sich die Kinder auch mit **Gleichaltrigen** zu Spiel- und Interessensgruppen zusammen, die neben der Familie eine sehr wichtige Rolle für die Persönlichkeitsentwicklung spielen. Das Kind befindet sich also in einer ständigen Wechselbeziehung mit seiner Umwelt, deren wichtigster Faktor die Familie ist, zu der aber zunehmend weitere Einflüsse kommen. So entwickelt sich das Kind zu einer einmaligen und eigenständigen Persönlichkeit.

Körper + Seele = Mensch

Die heutige Medizin spricht nicht von Körper und Seele, sondern von **Psyche** (Geist, Seele, Gemüt) und **Soma** (Körper). Entsprechend gibt es psychische und somatische Störungen oder Erkrankungen. Sehr oft stehen sie in unmittelbarer Beziehung zueinander.

Selbst so ureigenste körperliche Angelegenheiten wie Wachstum, Herzschlag oder Verdauung, die natürlich an funktionierende Organe gebunden sind, werden psychisch beeinflußt; es kann sogar allein aus psychischen Gründen zu krankhaften Störungen dieser Organfunktionen kommen.

Bei Aufregung oder bei freudiger Erwartung schlägt das Herz schneller, bei Ärger bekommen manche Menschen Magenschmerzen, bei einer starken Anspannung steigt der Blutdruck, vernachlässigte Kinder wachsen langsamer usw.

Die Körperorgane, die prinzipiell ohne unseren willentlichen Einfluß funktionieren, werden vom vegetativen Nervensystem gesteuert, das wiederum in enger Verbindung zu allen anderen Hirnzentren steht. Darauf werden wir später noch zu sprechen kommen.

Störungen der Organfunktion können also direkt am Organ entstehen, etwa durch einen entzündlichen Prozeß. Sie können aber auch durch eine Fehlsteuerung des vegetativen Nervensystems (bei Störung des biologischen Rhythmus, hoher Streßbelastung) oder durch psychische Reaktionen (durch Angst oder Spannung) hervorgerufen werden.

Welches Organ aber aus der Balance kommt, hängt von der ererbten oder erworbenen Funktionstüchtigkeit der einzelnen Organe ab. Der eine hat wie sein Vater einen »schwachen Magen«, die andere wie der Bruder und die Mutter einen »labilen Kreislauf« oder eine »schwache Blase«.

Man erbt aber immer nur die Bereitschaft (Disposition) für bestimmte Störungen oder Krankheiten. Ob eine solche Reaktionsbereitschaft tatsächlich zu Störungen führt, hängt von zweierlei ab: vom Grad der Disposition und von den äußeren Bedingungen, also von der Umwelt. Eine solche besondere Reaktionsbereitschaft eines Organsystems bezeichnet man als Ort geringeren Widerstandes oder als Ort stärkerer Reaktion – was auf dasselbe hinausgeht. Viele Menschen haben einen solchen Schwachpunkt, manche haben gleich mehrere. Wenn das Organsystem insgesamt wenig stabil ist, können auch bei gering belastenden äußeren Bedingungen Störungen auftreten (z.B. Migräne). Bei niedriger Disposition käme es unter den gleichen Bedingungen wahrscheinlich zu keinen Beschwerden.

Auf der anderen Seite kann es auch bei nur geringer Disposition zu häufigen Störungen kommen, wenn die äußeren Bedingungen besonders belastend sind. So kann ein Kind, das eine Bereitschaft zu einem Blinzeltic hat, über Jahre darunter leiden, wenn es durch ständige Streitigkeiten der Eltern kein ruhiges Plätzchen hat und niemanden, der ihm einmal zuhört.

So wie die Organfunktionen durch die Psyche beeinflußt werden, geschieht das auch umgekehrt: Körperliche Störungen und Erkrankungen haben eine Wirkung auf das Befinden und damit auch auf die Stimmung, die Aktivität, die Aufmerksamkeit usw.

Fallbeispiel Paul, ein elfjähriger intelligenter Junge, befindet sich seit 18 Monaten zweimal wöchentlich für mehrere Stunden im Krankenhaus an der künstlichen Niere. Der bis dahin völlig gesunde Junge hatte nach einer akuten beidseitigen Nierenbeckenentzündung Schrumpfnieren bekommen, die das Blut des Jungen nicht mehr entgiften konnten. Ohne die regelmäßige Blutwäsche (Dialyse) durch einen Apparat müßte Paul sterben.

Sein Leben hat sich seitdem völlig verändert. Alles ist zum Problem geworden: das Spiel mit den Freunden, die Schule, der Urlaub. Außer diesen organisatorischen Erschwernissen bringt die Krankheit Beschwerden mit sich. Kurz vor der Dialyse ist die Konzentration der im Blut befindlichen Stoffe, die über den Harn ausgeschieden werden, ziemlich hoch. Sie wirken dann wie Gifte. Das führt zu Kopfschmerzen, Müdigkeit und Übelkeit. Das größte Problem besteht aber für Paul in der Frage: Wie geht es weiter? Wann bekomme ich eine gesunde Niere transplantiert? Der Gedanke, daß seine zukünftige Niere noch in einem gesunden Menschen arbeitet und daß dessen Tod ihm ein neues Leben bringt, beschäftigt ihn sehr. Paul hat Krisen durchlebt. Er litt unter Angstzuständen, Schlafstörungen und konnte nicht mehr allein in der Wohnung bleiben.

Ich wurde hinzugezogen, nachdem er eine größere Menge Beruhigungstabletten eingenommen hatte. Er sagte mir danach, daß er so nicht mehr leben wollte. Die Tabletten, die er immer während der Dialyse erhielt, hatte er sich heimlich auf der Station besorgt. Nach einer intensiven Gesprächspsychotherapie konnte er von seinen quälenden Zweifeln befreit werden und schöpfte wieder Hoffnung. Inzwischen hat Paul eine neue Niere und lebt wieder wie ein gesundes Kind. Er ist aber noch in meiner Behandlung, da gelegentlich Angstzustände auftreten und er die Gespräche und das Entspannungstraining weiterführen möchte.

Das Beispiel zeigt, wie schwere körperliche Krankheiten ein Kind seelisch verändern können. Ob es gelingt, ein Kind wieder von gedrückter Stimmung, Ängsten und nervösen Erscheinungen zu befreien, hängt natürlich auch vom Verlauf der körperlichen Krankheit ab. Im beschriebenen Fall war eine erfolgreiche Behandlung der körperlichen Beschwerden möglich (wobei es sich hier nicht um eine Heilung handeln konnte; es muß damit gerechnet werden, daß irgendwann wieder Probleme entstehen können).

Nicht immer sind körperliche Krankheiten heilbar. Oft müssen Einschränkungen in Kauf genommen werden. Der Betroffene bleibt vielleicht behindert. In diesen Fällen muß die Umgebung sehr viel Einfühlungsvermögen aufbringen. Dem Kind muß das Gefühl der Vollwertigkeit gegeben werden, damit es sich auf seine vorhandenen Möglichkeiten einstellen und das beste aus ihnen machen kann.

Fallbeispiel Frank hatte mit acht Jahren einen schweren Unfall. Er war aus vier Meter Höhe von einem Baum gefallen und mit der linken Kopfseite auf eine Steinkante aufgeschlagen. Er lag mehrere Tage bewußtlos, und erst danach war eine Lähmung des rechten Armes und der Gesichtsmuskulatur bemerkt worden. Auch beim Sprechen hatte Frank Probleme. Die Hirnprellung hatte zu einer Schädigung von Nervengewebe in Gebieten geführt, in denen bestimmte Bewegungsabläufe gesteuert werden (motorisches Rindenzentrum). Außerdem war ein benachbartes Hirngebiet mitbetroffen, das als motorisches Sprachzentrum für die Begriffsbildung zuständig ist. Bei einer Schädigung dieses Zentrums kann der Betroffene nicht oder nur fehlerhaft sprechen und schreiben, versteht aber den anderen und bemerkt auch seine Fehler.

Nur sehr allmählich lernte Frank wieder fast so gut sprechen wie vorher. Die Gesichtsmuskeln konnten auch wieder fast seitengleich bewegt werden. Der rechte Arm blieb aber so schwach, daß Frank lernen mußte, alles mit der linken Hand zu tun. Besondere Probleme gab es beim Schreiben. Lange Zeit klagte Frank auch über Kopfschmerzen und ermüdete schneller als früher. Als er nach mehreren Monaten wieder in die Schule durfte, war er nervös, nur kurze Zeit belastbar und unausgeglichen. Nachts wachte Frank oft schweißgebadet auf und berichtete von Angstträumen. Er hatte begonnen, an den Nägeln zu knabbern.

Etwa ein halbes Jahr nach dem Unfall kam Frank in meine Behandlung, und in größeren Abständen sehe ich ihn jetzt nach zwei Jahren immer noch. Es war anfangs sehr schwer für ihn, die vielen Behandlungen zu akzeptieren; sie stahlen ihm seine Zeit zum Spielen. Er mußte seine Sprache mit einem Sprachheilkundler (Logopäden) wieder aufbauen, er mußte Übungen mit dem rechten Arm und den Gesichtsmuskeln durchführen. Da er unbedingt in seiner Klasse bleiben wollte, mußte er versäumten Lehrstoff nachholen. Das Umlernen auf die linke Hand bereitete ihm Probleme. Er war lange mit seiner Schrift unzufrieden, weinte beim Üben, wirkte traurig und sagte manchmal: »Nun bin ich ein Krüppel.«

Dank der sehr liebevollen und konsequenten Bemühungen der Mutter, dank der verständnisvollen Lehrerin und durch seine eigene Willensstärke machte Frank gute Fortschritte, besonders auf sprachlichem Gebiet. In zahlreichen Gesprächen und einer Gruppenspieltherapie lernte er es, seine neuen Grenzen zu akzeptieren. Heute ist Frank wieder ein heiteres

Kind mit stabilem Selbstbewußtsein. Er ist aber leichter irritierbar, rastet schneller aus als früher und läßt sich leicht ablenken.

> Die Beziehungen zwischen körperlicher und psychischer Befindlichkeit sind ein wichtiger Faktor, auf den Eltern und Lehrer bei der Erziehung eingehen müssen, wenn sie dem Kind wirksam helfen wollen.

Was ist Streß?

»Streß« hat sich in den letzten Jahren zu einem Modewort entwickelt. Da sagt die Tochter, wenn man sie kritisiert: »Mach keinen Streß! Es ist ohnehin alles schon stressig genug.« Oder sie gibt einer Freundin den gutgemeinten Rat: »Laß dich nur nicht stressen!«

Neu ist das Wort aber nicht. Im Englischen war es schon im 17. Jahrhundert im Sinne von Not oder Mühsal gebräuchlich. Im 18. Jahrhundert bezeichnete Streß das Gewicht oder den Druck, dem eine Person ausgesetzt war. Später verstand man darunter einen Zustand innerer Spannung, der durch äußere Bedingungen hervorgerufen wird.

Eigentlich ist Streß ein lebenswichtiger Vorgang, der seit der Urzeit des Menschen untrennbar mit dem Leben verbunden ist. Bei Gefahr werden alle Energiereserven mobilisiert, um den Körper in Sekundenschnelle zur Flucht oder zur Verteidigung zu befähigen. Es laufen gesetzmäßige Vorgänge ab, die unabhängig von der Art des Reizes sind. Gesteuert werden sie von Zentren im Zwischenhirn, dem Hypothalamus und der Hirnanhangsdrüse (Hypophyse). Es gibt aber auch vielfältige Verbindungen zu weiteren Hirnteilen, die beispielsweise für die Aktivierung des Gehirns und für die Emotionen zuständig sind.

Bei Streß reagiert das vegetative Nervensystem (s. auch Seite 23), indem es die Aktivität des sympathischen Anteils erhöht und damit Energie mobilisiert. Das Herz steigert seine Pumpleistung, so daß lebenswichtige Organe wie Gehirn und Muskulatur besser durchblutet werden können. Der Blutdruck steigt; dafür wird Blut aus den Verdauungsorganen abgezogen. Die Nebenniere schüttet aktivierende Hormone (Adrenalin) aus und vieles andere mehr.

Der österreichisch-ungarische Arzt Hans Selye (1907–1982) hat die körperlichen Vorgänge beschrieben. Er bezeichnete sie als Anpassungssyndrom, das aus drei Stadien besteht:

Dem beschriebenen **Alarmstadium** folgt das **Abwehr- oder Resistenzstadium.** Dabei paßt sich der Organismus den neuen Bedingungen an. Wie lange das möglich ist, hängt von der Art und Intensität des auslösenden Reizes ab. Es wird aber auch von der Stabilität der Steuermechanismen und von Kraftreserven beeinflußt, die wiederum sowohl von körperlichen als auch von psychischen Faktoren abhängen, z.B. davon, wie bedrohlich man ein Ereignis empfindet. Daran kann sich dann ein **Erschöpfungsstadium** anschließen.

Wie lange nun ein Mensch braucht, um sich wieder zu erholen – und ob das überhaupt gelingt –, hängt wesentlich davon ab, ob das stressende Ereignis weiter wirksam ist. Bei kurzen Reizen kann sich der Organismus nach einer Alarmreaktion stets wieder erholen. Wenn allerdings Streßfaktoren gehäuft oder lang anhaltend wirken, besteht diese Möglichkeit nicht. Die sympathisch bestimmte Stoffwechsellage und der psychische Aktivitätszustand bleiben ständig vorherrschend und führen zu chronischen Erschöpfungszuständen. Solche Zustände sind dadurch gekennzeichnet, daß man immer nervöser wird. Man ist leicht reizbar, unausgeglichen, reagiert überschießend: »Es stört die Fliege an der Wand.« Alltägliche Frustrationen wie eine Ermahnung des Lehrers, die Neckerei eines Mitschülers, das Verlieren in einem Spiel werden nur schwer ertragen. Der Betreffende diskutiert herum, schreit oder weint bei geringsten Anlässen. Außerdem ist er in seiner geistigen Leistungsfähigkeit gemindert, da er sich nicht mehr gut auf eine Sache konzentrieren kann. Er wird fahrig und ablenkbar und hat auch kein Durchstehvermögen mehr. Obwohl er ständig müde ist, ist sein Schlaf gestört und daher nicht erholsam. Das hängt damit zusammen, daß der Sympathikus die Oberhand hat und die Entspannung, das »Sich-fallen-lassen«, nicht mehr gelingt.

Ist man erst in einem solchen Erschöpfungszustand, wird auch das Zusammenleben schwieriger. Wechselnde Stimmungen, Mißerfolge, Gereiztheit, sinkendes Selbstbewußtsein, das Gefühl, sich nicht mehr auf seinen Körper verlassen zu können, erschweren ein harmonisches Zusammenleben. Nach einiger Zeit können zu den genannten psychischen Beschwerden auch körperliche kommen: So können sich Kreislaufbeschwerden verbunden mit Schwindelzuständen, Magen- und Darmbeschwerden, Appetitlosigkeit mit Gewichtsverlust und Hormonstörungen einstellen, ja selbst die Abwehrfähigkeit des Körpers leidet; man wird öfter krank.

Welche Bedingungen führen zu den genannten Reaktionen?

Das können Reize auf unsere Sinnesorgane sein wie Lärm, Hitze, Schmerzen. Das kann auch eine Reizung des Gleichgewichtsorgans beim Fliegen oder Karussellfahren sein, aber auch ein Mangel an Reizen wie absolute Stille, völlige Dunkelheit, fehlende emotionale und geistige Anregung, mangelnde Bewegung. Hieraus wird deutlich, daß offensichtlich das Gehirn bei einem Zuviel, aber auch bei einem Zuwenig an Information nicht optimal funktionieren kann. Diesen Zustand bezeichnet man als **Disstreß**, während das Reizangebot im normalen Rahmen als **Eustreß** bezeichnet wird.

Häufiger bringt man heute mit Streß psychische bzw. soziale Bedingungen in Beziehung. Jeder denkt doch bei dem Begriff »Streß« sofort an Leistungsdruck, Konflikte, Auseinandersetzungen. Dabei spielt es eine große Rolle, wie ein Mensch das bewertet, was als Streßfaktor wirkt. So können sich sehr ängstliche Menschen von

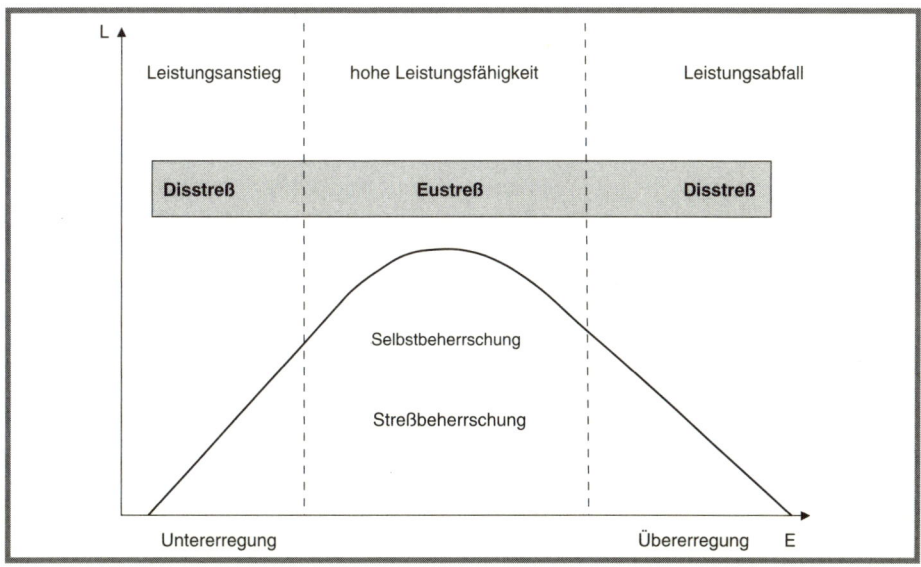

Die Leistungsfähigkeit hängt wesentlich von der Streßbelastung ab.

einer Situation bedroht fühlen, die andere Menschen noch »völlig kalt läßt«. Ein Kind, das sich gerade erst von einer fiebrigen Bronchitis erholt hat, empfindet die objektiv gleichgebliebenen schulischen Bedingungen mit Lärm, Aufpassen, Stillsitzen usw. belastender als sonst. Aber nicht nur die Streßsituationen werden individuell sehr verschieden empfunden, auch die Verarbeitung der Reize, die wir aus der Umwelt aufnehmen, erfolgt ganz unterschiedlich. Das heißt, daß derselbe Reiz bei mehreren Menschen ganz andere Wirkungen erzeugen kann.

Oft meidet der Mensch aus Selbstschutz Situationen, die ihn stressen könnten, beispielsweise extreme Temperaturen, Sonnenbestrahlung, Lärm oder Konflikte. Es gibt allerdings auch Reize, die unter bestimmten Bedingungen nicht als störend, sondern als anregend empfunden werden. Trotzdem können sie schädlich wirken, wie etwa intensive Licht- oder Lärmeinwirkungen. Bei Lärm hilft sich der Körper selbst. Jugendliche, die sich anhaltend einer hohen Lautstärke aussetzen, werden schwerhörig, weil Nervenzellen zerstört werden. Besonders gefährlich wirkt der zu laut eingestellte »Walkman«.

Eine Dauerstreßsituation wird auch durch einseitige Reize erzeugt, die ausschließlich auf ein Sinnesgebiet ausgerichtet sind. Der flimmernde Bildschirm, sei es ein Computer oder die Mattscheibe des Fernsehers, attackiert oft über viele Stunden des Tages die Sehrinde. Nachgewiesen ist, daß die Zahl der Kinder, die eine Brille tragen müssen, ständig zunimmt. Aber auch allgemeine Nervosität, Schlaf- und Konzentrationsstörungen sind die Folge übermäßigen Computer- oder Fernsehvergnügens.

Situationen einer chronischen Überforderung können objektiv bedingt sein. Ein leistungsschwacher Schüler ist der täglichen Frustration ausgesetzt, Mißerfolge zu ernten, auch wenn er fleißig gelernt hat. Ein anderes Kind darf nie mit gleichaltrigen Freunden spielen, weil es von der Mutter, die ihrerseits überfordert und unausgeglichen ist, jeden Nachmittag zur Aufsicht der kleinen, ständig kränklichen und unruhigen Schwester veranlaßt wird.

Chronische Streßsituationen können aber auch bei Kindern und Jugendlichen bereits dann entstehen, wenn etwas angestrebt wird, dem man eigentlich nicht gewachsen ist: Nach der Wende gab es in den neuen Bundesländern einen großen Nachholbedarf, das Abitur ablegen zu dürfen. Ich hatte mehrere Jugendliche in meiner Beratung, die das unbedingt wollten (meist auch die Eltern), deren Leistungsfähigkeit aber gerade im mittleren, teilweise auch nur im unteren Normbereich lag. Durch diese Überforderung stellten sich nervöse Erscheinungen ein, deren Ursache von Uneingeweihten nicht erkannt wurde.

Für die Leistungsfähigkeit spielt natürlich das logische Denkvermögen eine wichtige Rolle, das aber erst durch Ausdauer, Belastbarkeit und Konzentrationsfähigkeit voll wirksam werden kann.

Aber auch die innere Bereitschaft (Motivation), ein bestimmtes Ziel zu erreichen, Fleiß, ein gehöriges Maß an Selbstdisziplin und die körperliche Konstitution sind wichtige Voraussetzungen.

Fallbeispiel Der damals 16jährige Peter war wegen einer Migräne in meiner Behandlung. Er hatte in der Kindheit gelegentlich Probleme mit dem Kreislauf und auch Schwierigkeiten beim Einschlafen. Seine zeitweilige geringe Aufmerksamkeit und leichte Ablenkbarkeit konnte er nach einigen Beratungen gut steuern – nachdem er auch das autogene Training erlernt hatte. Er hatte immer durchschnittliche Leistungen, und ein Intelligenztest, der auf Wunsch der Eltern durchgeführt wurde, lag bei 105, also im mittleren Normbereich. Er war gründlich und gewissenhaft, und er fand seinen Rhythmus zwischen angespanntem Lernen, Entspannung und körperlicher Betätigung. Er gehörte schon seit Jahren einer Jugendtanzformation an und hatte einen Hund, um den er sich sehr kümmerte. Seine Eltern (Vater: Diplomingenieur in einer leitenden Stellung, gesellig, heiter; Mutter: Musiklehrerin, sehr bewußte Lebensweise wegen eigener Migräne; harmonische Ehe) unterstützten Peter in seinem Wunsch, das Abitur zu machen und eventuell zu studieren. Er war auch selbst hochmotiviert, dieses Ziel zu erreichen. Er schaffte das Abitur und begann eine Lehre als Bankkaufmann.

Fallbeispiel Ein anderer Fall verlief nicht so erfolgreich. Stefan war schon seit der Kindheit in meiner Behandlung. Er litt in den ersten Jahren der Schulzeit unter Nägelknabbern, einer hochgradigen Ablenkbarkeit und

Zappeligkeit und bekam nächtliche Angstzustände. Die Ehe der Eltern wurde geschieden, als Stefan zehn Jahre alt war. Eine folgende stabile Partnerschaft der Mutter trug zu Stefans guter Entwicklung bei. Die anfänglichen Symptome hatten sich auf ein akzeptables Maß vermindert. Der neue Vater, zu dem Stefan eine gute Beziehung hatte, riet ihm zum Abitur. Stefan wollte seine Eltern nicht enttäuschen und auch selbst in dieser Zeit das Abitur machen. Doch es stellten sich in der elften Klasse Schlafstörungen mit Angstzuständen ein, er versagte dann mehrmals bei Leistungskontrollen (»Ich hatte es gelernt, aber plötzlich war alles weg«). Er konnte sich im Unterricht nicht mehr voll konzentrieren.

Anfangs versuchte er, das mit besonderem Fleiß und mit Unterstützung der Mutter aufzuholen. Die häufigen Mißerfolge nagten aber zunehmend an seinem Selbstbewußtsein. Er begann zu bezweifeln, daß er das Abitur schaffen würde. Vorübergehend bestanden morgens sogar schwere Angstzustände mit Erbrechen und Magenbeschwerden. Schließlich beschloß er in Übereinkunft mit seinen Eltern und nach Beratung durch den Klassenleiter, die Schule am Ende der elften Klasse zu verlassen. Nach einer ambulanten Psychotherapie hat Stefan inzwischen eine Ausbildung als Erzieher aufgenommen und fühlt sich in diesem neuen Umfeld wohl.

Es gab früher die Meinung (es soll auch heute noch solche Anschauungen geben), daß sich die Anlagen eines Kindes auch ohne äußeres Zutun entwickeln, daß sie so vielleicht klarer und unverfälschter entstehen. Aus einer Chronik über den Hohenstaufenkaiser Friedrich II. (1215–1250) geht hervor, er habe Säuglinge von Pflegerinnen aufziehen lassen, die sich lediglich um deren leibliches Wohl kümmerten. Sie sprachen nicht mit ihnen und gaben ihnen auch keine andere Art an Zuwendung oder Reizangebot. Er wollte dadurch herausfinden, welches die Ursprache ist. Diese Kinder lernten aber weder sprechen, noch entwickelten sie sich körperlich oder geistig. Angeblich starben alle.

> Ähnliche Versuche wurden in der Neuzeit mit Affen und anderen Säugetieren durchgeführt, alle mit dem Ergebnis, daß fehlende Reizangebote zu erheblichen Entwicklungsstörungen führen.

Leider habe ich selbst solche Kinder kennengelernt, die von ihren Eltern sehr vernachlässigt wurden. Aus unterschiedlichen Gründen empfanden sie die Kinder als eine unerwünschte Belastung, so daß eine anregende Beschäftigung mit den Kindern einfach nicht stattfand. Hier gehen wertvolle Möglichkeiten für die Entwicklung des Kindes verloren, die ja im Kleinkindalter in hohem Maße durch Nachahmung stattfindet. Der Wortschatz dieser Kinder ist gering, die Phantasie ist nicht gefordert, die Gefühlsreaktionen sind wenig differenziert. Oft ist auch die Stimmung unkindlich und ernst. Die Kinder wissen nichts mit sich und anderen anzufangen. Häufig sind sie kränklich und haben Eß- und Schlafstörungen. Noch im Schulalter nässen sie ein, neigen zu nervösen Erscheinungen wie Nägelbeißen und Körperschaukeln, reagieren in einer Gruppe von Gleichaltrigen unangemessen, entweder mit ängstlichem Rückzug, gehemmt-aggressiven oder ungehemmten, nicht vorhersehbaren Verhaltensweisen.

Da sie keine eigenen Ziele haben, sind sie leicht verführbar, solange sie nur bei jemand oder in einer Gruppe Halt und (scheinbare) Geborgenheit finden. Bei Anforderungen, sich in bestimmte Normen einer Familie oder in ein bestimmtes soziales Umfeld zu fügen oder zielstrebig eine Aufgabe zu lösen, versagen sie. In ihren schulischen Leistungen bleiben sie oft hinter ihren geistigen Möglichkeiten zurück.

Was ist Konstitution?

Unter **Konstitution** versteht man den Reaktionsstil eines Menschen, sowohl in körperlicher als auch in psychischer Hinsicht. Man sagt über einen Menschen, der nur selten krank ist, Strapazen gut übersteht und sich in angemessener Zeit davon erholt, daß er eine kräftige oder stabile Konstitution hat. Auch wenn ein Mensch in schwierigen Situationen und bei starkem Leistungsdruck gelassen bleibt, nicht nervös oder hektisch reagiert, sondern nach praktikablen Lösungen sucht, zeugt das von einer stabilen Konstitution. Umgekehrt spricht man von einer schwachen oder labilen Konstitution, wenn jemand alltäglichen körperlichen oder geistigen Anstrengungen nicht gewachsen ist.

Da reagiert z.B. ein Kind nach der Einschulung, auf die es sich sehr gefreut hat, mit Schlafstörungen, Nägelknabbern, Gereiztheit und Unbeherrschtheit auf der einen oder Verstimmungen und völligem Rückzug mit Ängsten und Unsicherheit auf der anderen Seite.

Woher kommt eigentlich die Konstitution?

Sie wird definiert als eine Summe aus den **ererbten** und den in der frühen Kindheit **erworbenen** Anlagen. Der bekannte Wissenschaftler Eysenck hat 1967 einen Überblick über entsprechende Forschungen veröffentlicht, wonach der Anteil der Vererbung etwa 75 Prozent betrage. Die Umwelt spielt aber eine wichtige modifizierende Rolle, und zwar übt sie auf die Entwicklung des Gehirns wie auch lebenslang auf unser soziales Verhalten Einflüsse aus.

Wodurch kann die Konstitution des sich entwickelnden Kindes beeinflußt werden?

Nehmen wir an, eine Frau hat ihre Gewohnheit, täglich 10 bis 15 Zigaretten zu rauchen, während der Schwangerschaft beibehalten. Dadurch werden auch die Blutgefäße der Frucht verengt; sie kann nicht ausreichend ernährt werden und bleibt im Wachstum und in der Entwicklung zurück. Das Kind wird untergewichtig geboren, hat ein kleineres, weniger differenziertes Gehirn und holt auch nach der Geburt den Entwicklungsrückstand gegenüber gleichaltrigen Kindern jahrelang nicht auf. Das Kind ist weniger widerstandsfähig gegenüber Krankheiten und Streßbelastungen aller Art. Viele dieser Kinder fallen bereits im Säuglings- und Kleinkindalter durch Schlafstörungen, Unruhe und Schreien auf. Nehmen wir an, dieses Kind hatte von seinen Erbanlagen her eine stabile Konstitution. Seine normale Entwicklung wird aber durch die infolge des Sauerstoff- und Nährstoffmangels beeinträchtigte Hirndifferenzierung verhindert.

Ebenso kann sich die Konstitution eines Kindes durch eine schwere Erkrankung in den ersten Lebensjahren ändern, etwa durch eine Hirnhautentzündung oder eine Verletzung des Gehirns aufgrund eines Unfalls. Neben körperlichen Veränderungen kann es bei diesem Kind zu einer geringeren Belastbarkeit oder Steuerungsfähigkeit kommen. Es »flippt aus«, verliert leicht die Beherrschung, weint oder schreit, wenn etwas Unerwartetes eintritt, oder schlägt bei geringen Anlässen zu. Das Kind reagiert auf den ganz normalen Schulalltag mit Konzentrationsstörungen, Nervosität und rascher Erschöpfung.

Diese Umwelteinflüsse führen also über eine Störung der normalen Abläufe im Gehirn zu Änderungen der Verhaltensweisen. Aber auch **soziale Einflüsse** können Verhaltensänderungen bewirken. Ein leider gut bekannter Mechanismus ist die soziale Deprivation (lat. deprivare = berauben). Darunter versteht man die fehlende Mutterliebe oder die mangelnde Zuwendung einer anderen engen Bezugsperson, so daß das Kind bereits als Säugling stark vernachlässigt wird. Die Folgen dieser gefühlsmäßigen Vernachlässigung des kleinen Kindes haben starken Einfluß auf sein Verhalten, das später – wenn überhaupt – nur sehr schwer wieder verändert werden kann.

Die Konstitution ist auch vom Geschlecht eines Menschen abhängig. Epidemiologische Studien zeigen, daß Mädchen in der Säuglingszeit widerstandsfähiger sind als Jungen und daß ihre körperliche und sprachliche Entwicklung rascher verläuft. Einige nervöse Erscheinungen sind bei Jungen häufiger, beispielsweise das Stottern, das Einnässen und die Überaktivität. Sie überstehen auch Infektionen in der Kindheit schwerer als Mädchen.

Wenn man die Verhaltensunterschiede älterer Kinder untersucht, z.B. die häufigere Aggressivität bei Jungen, die stärkere Ängstlichkeit oder Empfindsamkeit bei Mädchen, so sind diese schon nicht mehr so einfach durch biologische Unterschiede zu erklären. Mit zunehmendem Alter wird der Einfluß von sozio-kulturellen Faktoren stärker, werden die Kinder durch elterliche Erwartungen in ein gesellschaftliches Rollenverhalten gedrängt.

Die angeführten Bedingungen sollten zeigen, wie die individuelle Konstitution eines Menschen entsteht. Darüber hinaus gibt es bestimmte Typen, die in einer Konstitutionslehre wissenschaftlich erforscht und nach bestimmten Prinzipien geordnet werden. Diese Zuordnung eines Menschen zu einem Typ ist bereits aus dem Altertum bekannt und wurde in späteren Epochen immer wieder aufgegriffen und variiert.

Fallbeispiel Die Eltern des fünfjährigen Richard baten mich um Rat. Die Mitglieder der angesehenen, mir bekannten Familie sind seit Generationen aktive, kreative Menschen, rüstig und geistig rege bis ins hohe Alter. Richard hatte sich bis zu seinem dritten Lebensjahr gut entwickelt, sprach schon früh sehr gut, hatte einen umfangreichen Wortschatz und verblüffte die Familie durch seine rasche Auffassung und seine Fähigkeit zum Kombinieren. Dabei war er heiter, spielte ausdauernd mit der zwei Jahre älteren Schwester und mit Kindern aus der Nachbarschaft. Er war der ganze Stolz des Vaters. Mit drei Jahren hatte er nach einem Zeckenbiß eine Hirnentzündung mit anfänglicher Bewußtlosigkeit und längerdauernder Schläfrigkeit. Er erholte sich sehr langsam und ist noch immer wenig belastbar. Er ermüdet schnell und wird dann zappelig und quengelig. Er schläft unruhig und ist früh oft unausgeschlafen. In seinem Denken ist er umständlich, haftet an Details. Er verliert bald das Interesse an einer Sache, kann sich aber auch nicht von ihr lösen. Wird er dann von seiner inzwischen inhaltlosen Beschäftigung mit sanfter Gewalt entfernt, weint und schreit er. Er gerät leicht in innere Spannung und bekommt feuchte, eiskalte Hände. Häufig klagt er über Kopfschmerzen. Im Kindergarten sitzt er meist allein in einer Ecke und hantiert mit irgend etwas. Bei gemeinsamen Spielen oder Beschäftigungen reagiert er eigenwillig. Gegenüber der Schwester und den anderen Familienmitgliedern ist er weniger herzlich als früher und nimmt von sich aus kaum Kontakt zu anderen auf. Die Eltern sind sehr unglücklich und wollen wissen, was sie tun können, damit er wieder so wird wie vor seiner Krankheit.

Richard hat sich durch die Hirnentzündung in seinem Wesen, seiner Belastbarkeit und seiner Leistungsfähigkeit verändert. Die Hirnfunktionen wurden durch die Krankheit beeinträchtigt. Auch die vegetative Steuerung ist weniger stabil als vorher.

Was können die Eltern tun?

Ich mußte ihnen sagen, daß es sich um den Folgezustand einer damals ausgeheilten Hirnentzündung handelt. Sie können glücklich sein, daß er nach einer so schweren Krankheit »nur« diese Hirnfunktionsstörungen und nicht auch noch Lähmungen oder hirnorganische Anfälle zurückbehalten hat. Eine Wiederherstellung seiner vollen Leistungsfähigkeit und psychischen Stabilität – wie mit drei Jahren – ist nicht mehr zu erwarten. Wichtig für Richards Entwicklung und auch für das Wohlbefinden der Familie ist es, daß die Erwartungen gegenüber dem Jungen seinen Möglichkeiten anpaßt werden. Die Familie muß sich im täglichen Umgang auf ihn einstellen. Sie darf ihn nicht ständig überfordern, nur so wird man sich auf Dauer Enttäuschungen ersparen. Mit dem Vater, der seinen Sohn abgöttisch liebt(e) und höchste Erwartungen hatte, wurde eine Reihe therapeutischer Gespräche geführt, da die Befürchtung bestand, daß er sich innerlich von Richard distanziert und ihn als fremd, als nicht familientypisch ablehnt.

Aus diesen Beispielen haben wir gesehen, daß sich die vorhandene Konstitution durch äußere Einwirkung auf die Hirnfunktionen in der frühen Kindheit verändern kann. Daraus können sich alle möglichen Leistungs- und Verhaltensstörungen ergeben. Eine Instabilität der Hirnfunktionen, sei sie nun so angelegt oder erworben, erhöht das Risiko psychischer Störungen, da weniger Reserven zum Ausgleich von Belastungen vorhanden sind. Ist dagegen die Familie in der Lage, das Kind, so wie es ist, anzunehmen und zu stützen, kann es sich ohne weitere Störungen entwickeln.

Temperament, Charakter und Persönlichkeit

Der Bauer, bei dem wir die Ferien verbrachten, besaß drei etwa gleichaltrige Pferde. Unsere Tochter fand sehr schnell eine treffende Unterscheidung: das langweilige, das muntere und das liebe. Und sie hatte recht. Das eine Pferd wirkte immer etwas müde, ließ den Kopf leicht hängen und war nur schwer zu einer etwas schnelleren Gangart zu bewegen; das zweite war genau das Gegenteil: es tänzelte, hielt den Kopf hoch erhoben und schien nur darauf zu warten, daß es sich in Trab setzen durfte; das dritte war ausgesprochen zutraulich und gutmütig. Der Bauer beklagte sich, daß er die ersten beiden nicht zusammenspannen konnte. Sie wären schwierig zu lenken, weil sie ganz unterschiedlich reagierten, während das dritte mit jedem der beiden anderen ein brauchbares Gespann bildete. »Sie haben halt ein unterschiedliches Temperament«, meinte der Bauer. »Das ist wie mit den Kindern in unserer Klasse, da gibt es auch solche und solche«, kommentierte unsere Tochter und war damit zu einer wichtigen Erkenntnis gekommen.

Die Art und Weise, wie ein Mensch sich mit seiner Um- und Mitwelt auseinandersetzt, wie er sich auf neue Situationen einstellt, wie er mit Problemen fertig wird, ob er sich in den Mittelpunkt drängt oder ob er sich zurückzieht und einigelt, ob er die Dinge leicht nimmt oder ob er ständig darüber nachgrübelt, das wurde schon immer als eine Frage des Temperaments und des Charakters angesehen. Dies hat in vielgebrauchten Redensarten seinen Niederschlag gefunden. Da ist jemand ein »Miesepeter« oder ein »Griesgram«, ein »Polterkopf«, ein »sturer Bock«, ein »altes Ekel« oder aber ein »vigilantes Kerlchen«. Mancher hat ein »sonniges Gemüt«, ist »ein pflegeleichtes Kind« oder aber eine »alte Heulsuse« usw.

Diese Etiketten bezeichnen jeweils den Eindruck, den ein Mensch durch ein bestimmtes Verhalten auf seine Umgebung macht. Daß der eine meist fröhlich, aufgeschlossen und optimistisch wirkt, ein anderer dagegen ständig mürrisch, wortkarg und eher unfroh daherkommt, ist in der Regel nicht bewußt gesteuertes Image, sondern eine persönliche Veranlagung.

Die Art des Verhaltens ist schon bei kleinen Kindern – auch wenn keine störenden äußeren Einflüsse bestehen – sehr verschieden. So können wir bereits bei den Kleinsten Unterschiede in der Aktivität, in der Stimmungslage, in der Anpassungsfähigkeit an neue Situationen, in der Aufmerksamkeitsspanne oder auch im Tagesrhythmus feststellen.

In einer Studie aus dem Jahre 1980 wurde bei Schulkindern mit Verhaltensstörungen festgestellt, daß sie bereits als Zweijährige auf Veränderungen in ihrem Umfeld häufiger als andere mit Unregelmäßigkeiten reagierten (z.B. war der Schlaf-Wach-Rhythmus gestört). Mit neuen Situationen konfrontiert, zogen sie sich oft zurück oder paßten sich nur langsam an, was oft mit einer eher traurigen Grundstimmung verbunden war.

Tatsächlich ist das Temperament ein markanter, ziemlich stabiler Persönlichkeitsfaktor, der auch durch Erziehungseinwirkung und Erfahrungen nur bis zu einem gewissen Grade beeinflußbar ist. Ein aktives, heiteres Kind sucht sich auch in ungünstiger Umgebung Spiele, die ihm zusagen. Es »bewältigt« Trennungen von einer engen Bezugsperson besser als ein eher ernstes, alles schwer nehmendes, inaktives Kind.

Phlegmatische, träge Kinder haben eher Probleme mit ihrer Umgebung, wenn sie z.B. Aufgaben zu Hause oder in der Schule nicht erfüllen. Dafür ist die Wahrscheinlichkeit nervöser Störungen geringer als bei anderen. Das hängt aber auch wieder von vielen weiteren Einflußfaktoren ab, wie etwa vom Intelligenzgrad oder vom Temperament der Erziehungspersonen. Die Entwicklung eines Kindes, das oft in seinen Reaktionen »überschießt«, ist ohnehin kompliziert.

Ob man ein bestimmtes Verhalten dem individuellen Charakter oder eher ungünstigen äußeren Einflüssen oder einer organisch bedingten Störung der Hirnfunktion zuordnen kann, oder ob hier – wie in vielen Fällen – mehrere Ursachen eine Rolle spielen, ist nur durch eine sorgfältige Analyse zu klären, die gemeinsam mit den Eltern von einem Arzt oder Psychologen vorgenommen werden sollte.

Bereits in der Antike beschäftigten sich Wissenschaftler wie Hippokrates (460 bis 377 v.Chr.) und Galen (129 bis 201 n.Chr.) mit den Temperamenten. Die von ihnen beschriebenen Grundtypen

- sanguinisch
- phlegmatisch
- cholerisch
- melancholisch

sind bis heute eine interessante Basis für Beobachtung und Forschung. Im Altertum glaubte man, daß es Beziehungen zwischen dem Temperament und den Körpersäften Blut, gelbe und schwarze Galle sowie Schleim gäbe. Auch von Theophrast (371 bis 287 v.

Chr.), einem Schüler des Aristoteles, ist ein Manuskript mit 30 verschiedenen Charaktertypen überliefert.

Schon damals – und auch heute – werden Begriffe wie Temperament, Charakter, Charaktereigenschaften, Typ und Persönlichkeit nicht scharf getrennt.

Die Lehre von den vier Temperamenten wurde in unserem Jahrhundert von Eysenck als Grundlage für eine Einteilung psychischer Eigenschaften genutzt. Pawlow leitete daraus verschiedene Typen des Nervensystems ab, und Kretschmer entwickelte seine Lehre der Verbindung zwischen Körperbautyp und Charakter.

In den USA beschäftigte man sich in den letzten Jahrzehnten zunehmend mit individuellen Verhaltensstilen bei Säuglingen. In einer Studie fanden Chess und Thomas drei Grundmuster, nämlich »einfach«, »langsam auftauend« und »schwierig«. Die sogenannten »schwierigen« Kinder zeigten Verhaltensweisen, die sowohl den Eltern als auch ihnen selbst das Leben schwer machten:

■ Unregelmäßige Eß- und Schlafgewohnheiten
■ Rückzugsreaktionen, vor allem angesichts neuer Situationen und Menschen
■ Langsames Anpassen an Veränderungen
■ Heftige Reaktionen (z.B. anhaltendes Schreien bei Annäherung einer Person).

Inzwischen widmen sich auch Wissenschaftler in Europa diesem Thema, um den Eltern solcher besonders sensibel oder überschießend reagierenden Kinder zu helfen, einen »passenden Erziehungsstil« zu finden.

Die Eltern eines leicht erregbaren Kindes dürfen keinesfalls einen »weichen Erziehungsstil« praktizieren, etwa nachgeben, wenn das Kind zu weinen beginnt. Dann wird es immer unsicherer, gehemmter und ängstlicher. Im Gegenteil: Erwartungen dem Kind gegenüber sollten von Anfang an offen gezeigt werden. Es ist besonders wichtig, daß sich die Eltern dem Kinde gegenüber beständig verhalten. Sie müssen für das Kind vorausschaubar reagieren und dürfen es nicht nach eigener Lust und Laune mal für ein bestimmtes Verhalten hart bestrafen, das gleiche Verhalten aber ein anderes Mal »übersehen«.

Wenn ihnen erklärt wird, daß ihr Kind so reagiert, weil es entsprechend seinem **Temperament** nicht anders kann (oder zumindest nur mit großer Anstrengung), wird das Spannungen in der Familie abbauen helfen. Die Eltern werden gelassener, wenn sie wissen, daß sie nicht versagt haben. Sie gehen sicherer mit ihren Kindern um, wenn sie eine Anleitung bekommen, die auf das Temperament ihres Kindes zugeschnitten ist. So werden z.B. in Los Angeles Lehrer unterwiesen, wie sie ihren Umgang mit den Schülern nach deren Temperamenten individuell gestalten können. In ähnlicher Weise bemühen sich die Lehrer an Waldorfschulen, auf die Eigenentwicklung der Kinder einzugehen.

Wesentlich ist aber, daß ein bestimmtes Temperament kein Freibrief ist.

> Es muß den Erziehenden klar sein: Trotz des individuellen Temperaments ist Verhalten erlernbar und in hohem Maße durch das soziale Umfeld beeinflußbar.

Das Wort **Charakter** kommt aus dem Griechischen und bedeutet »Prägung, Kerbung«. Man versteht darunter die seelische Eigentümlichkeit eines Menschen – seine Wesensart. Der Charakter umfaßt die Gesamtheit der psychischen Anlagen, sowohl die bereits entwickelten als auch die noch unentwickelten. Im Gegensatz dazu meint der Begriff der **Persönlichkeit** das eher Dynamische, das bisher unter dem Einfluß der Umgebung aus dem Charakter entstanden ist.

Da der Begriff der Persönlichkeit sehr umfassend ist, wollen wir von den Eigenschaften eines Menschen sprechen. Man geht davon aus, daß in jedem Handeln sowohl ein veränderbarer als auch ein konstanter Anteil enthalten ist. Der konstante bezieht sich auf die Eigenschaften, wobei auch hier wieder häufig Begriffe vermengt werden und man sowohl von Charaktereigenschaften als auch von Persönlichkeitsmerkmalen spricht. Schließlich gebraucht man auch synonym den Begriff des **Typs** (z.B. ein gewalttätiger, ein harmloser, ein verschlagener, ein unberechenbarer, ein anlehnungsbedürftiger Typ).

Ein Beispiel soll das verdeutlichen: Ein Kind erledigt seine Pflichten zuverlässig und gilt als beharrlich, da es auch bei Problemen nicht aufgibt, sondern versucht, die Arbeit abzuschließen. Nachdem dieses Kind in die Schule gekommen ist, zeigen sich große Schwierigkeiten beim Lesen und Schreiben. Am Ende der zweiten Klasse bestätigt sich der Verdacht einer Lese-Rechtschreib-Schwäche. Nun heißt es weiterhin fleißig üben, denn nur so kann diese Schwäche, die trotz guter Intelligenz besteht, gemildert werden. Dem Kind hilft diese Eigenschaft. Wäre es nicht beharrlich, sondern würde es rasch aufgeben und sagen »Das schaffe ich nie!«, könnte es seine hohe Fehlerzahl nicht verringern. Vermutlich würde das Kind durch seine Mißerfolge immer mehr die Lust an der Schule verlieren.

Fallbeispiel Marion ist ein sehr verschrecktes Mädchen. Schon als kleines Kind weinte sie heftig, wenn die Mutter nicht in Rufweite war. Im Kindergarten dauerte es Monate, bis sie sich an die Kinder gewöhnte. Sie spielte lange Zeit für sich allein und beobachtete von weitem das Spiel der anderen. Jede neue Situation bedeutet für sie hochgradige Spannung. Auf vorhersehbare Veränderungen wird sie von der Mutter sehr geduldig vorbereitet, aber natürlich gibt es fast täglich Variationen des Gewohnten. Als sie eingeschult wurde, schlief sie schon tagelang vorher unruhig, träumte viel und begann dann mit Beginn der Schule morgens zu erbrechen und über Schwindel und Kopfschmerzen zu klagen. Da die Mutter den Zusammenhang zwischen der Ängstlichkeit, der Schule (als das ganz Neue und Unbekannte) und den körperlichen Beschwerden verstand, konnte sie auch gemeinsam mit der pädagogisch erfahrenen Lehrerin ihr Kind mit leisem Druck an die Schulsituation gewöhnen. Nach ungefähr vier Monaten ließ die Spannung bei Marion nach. Sie fand Gefallen am Unterricht und erwies sich zunehmend als interessiertes und ehrgeiziges Mädchen.

Eine solche Eigenschaft kann aber bei ungünstigen Bedingungen im Umfeld zu krankhaften Störungen führen, im Extremfall zur Schulverweigerung oder zu einer Zunahme körperlicher Beschwerden. Unter Umständen kann eine ängstliche Mutter unbeabsichtigt diese Störungen noch verstärken, wenn sie – immerfort das Schlimmste befürchtend – ihr Kind mit Fürsorge überschüttet, das nun (unbewußt) erst recht die neue Situation ablehnt und weiter in der häuslichen Geborgenheit zu verbleiben versucht.

Die Aufgaben des vegetativen Nervensystems

Da hat ein Kind Probleme mit dem Schlafen, ist ständig gereizt und bricht bei geringfügigen Anlässen in Tränen aus. Es klagt häufig über Kopfschmerzen; auf Reisen besteht oft Übelkeit. Die Eltern sind ratlos. Der Arzt hat »nichts Organisches« gefunden. Aber steckt vielleicht doch eine ernste Erkrankung dahinter?

Um den Ursachen für das Befinden und Verhalten eines solchen Kindes auf die Spur zu kommen, muß man sich etwas klar machen: Unser Nervensystem besteht aus zwei großen Funktionssystemen.

Somatisches Nervensystem

Das somatische Nervensystem – dazu gehören die Nerven der Skelettmuskeln und der Sinnesorgane – steht unter der Kontrolle unseres Willens. Seine Aktivitäten können also bewußt gesteuert werden. Sinneseindrücke gelangen über das Auge, das Ohr, die Nase, die Zunge oder über Rezeptoren für Schmerz, Temperatur und Berührung ins Gehirn. Dort werden sie registriert, analysiert, erkannt, mit anderen Wahrnehmungen verglichen, gewertet und gespeichert. Man kann sowohl »unbewußt« (automatisch) als auch »bewußt« darauf reagieren.

Natürlich können wir auch ohne einen äußeren Reiz handeln und körperliche oder geistige Aktivitäten auslösen. Wir nehmen uns z.B. vor, zu einer ganz bestimmten Zeit aus dem Haus zu gehen. Dieser Plan wird über die Nervenbahnen zu den Muskeln geleitet: Wir bewegen die Hand, formen ein Wort, setzen uns in Bewegung usw. Diese Handlungen können wir in der Regel willkürlich beginnen, kontrollieren und beenden. Sie sind uns bewußt, auch wenn sie in der Folge oft automatisiert ablaufen, wie z.B. die Bewegungen beim Kauen, Schwimmen oder Lesen.

Vegetatives Nervensystem

Das vegetative Nervensystem (VNS) regelt die Tätigkeit der inneren Organe, den Stoffwechsel, die Atmung, die Körpertemperatur, den Kreislauf und deren wechselseitige Abstimmung. Es kontrolliert das innere Milieu unseres Körpers und gewährleistet die harmonische Zusammenarbeit zwischen dem Zentralnervensystem (ZNS) und den Eingeweiden. Es trägt damit wesentlich zur Anpassung des Organismus an die Umwelt bei.

Im Gegensatz zum somatischen arbeitet das vegetative Nervensystem ohne unser Zutun. Es sorgt für einen störungsfreien, harmonischen sowie zweckmäßigen Ablauf all unserer komplizierten Körperfunktionen: Das Herz schlägt, ohne daß wir es ihm befehlen. Für die Verdauung werden je nach Art und Menge der Nahrung die nötigen Enzyme bereitgestellt. Der Abtransport der Nährstoffe mit dem Blut wird direkt zum Ort des Bedarfs, also zum Muskel, zur Hirnzelle oder auch in ein Depot, gesteuert und kontrolliert.

> Die Tätigkeit des vegetativen Nervensystems unterliegt einem 24-Stunden-Rhythmus.

Je nach Tageszeit werden vegetative Funktionen verstärkt bzw. gedrosselt. So wird bei einem Kind während des nächtlichen Schlafs mehr Wachstumshormon produziert, gleichzeitig werden Herzschlag und Atmung reduziert. Am Tage dagegen werden Puls und Atmung aktiviert, die Körpertemperatur steigt. Dieser Rhythmus ist vorgegeben. Äußere Einflüsse wie der Wechsel von Helligkeit und Dunkelheit oder unsere selbstgewählte Tageseinteilung (z.B. 6 Uhr Wecken, ab 7 Uhr konzentriert und leistungsfähig sein) wirken nur modifizierend. Auch die körperliche und geistige Leistungsfähigkeit unterliegt dieser Gesetzmäßigkeit.

Aber selbst bei diesem festen Rhythmus gibt es persönliche Unterschiede. »Nachtarbeiter« kommen gegen Abend erst richtig in Hochform und sind dann nachts sehr produktiv. Andere sind dagegen mit dem ersten Hahnenschrei wach und gut gelaunt, gehen dann aber »mit den Hühnern schlafen«. Nicht jeder kann sein Leben nach dieser Veranlagung einrichten. Das geht weder beruflich, wenn man in einen festen Arbeitsrhythmus eingebunden ist, noch im familiären Zusammenleben, wo Kompromisse besonders gegenüber den Kindern unvermeidlich sind.

Natürlich kann man seinen Körper auf den gewünschten Rhythmus »umpolen«. Wenn dies innerhalb einer gewissen Toleranzbreite ausgewogen »funktioniert«, wird die Arbeit des vegetativen Nervensystems von uns gar nicht weiter bemerkt. Erst durch Störungen wird uns bewußt, daß dieses System ansonsten lautlos und unauffällig seine Arbeit tut.

Doch Zusammenhänge, die zuerst einfach erscheinen, erweisen sich bei genauerem Hinsehen oft als sehr viel komplexer und komplizierter.

Fallbeispiel Peter ist sieben Jahre alt. Er hat eindeutig Magenbeschwerden sowie auch Schweißausbrüche und ganz kalte Hände. Er klappert mit den Zähnen, ist wacklig auf den Beinen und geht freiwillig ins Bett, obwohl die Lieblingsoma zu Besuch ist. Was fehlt ihm nun wirklich?

Durch die vielfältigen Verbindungen zwischen vegetativem und somatischem Nervensystem bzw. zwischen anderen Hirnzentren und dem Zwischenhirn kommen weitere Symptome hinzu, die über die eigentlichen Ursachen und das betroffene Organ hinausgehen. Beispielsweise können bei einer Störung des Verdauungssystems auch der Blutkreislauf, die Temperaturregulation und die Stimmung beeinträchtigt sein, so daß man plötzlich friert, kalte Hände hat, sich schwach und krank fühlt und zu nichts Lust hat.

Diese wechselseitigen Einflüsse zwischen psychischen, geistigen und körperlichen Funktionen sind als Erfahrungswerte seit altersher bekannt. Sie haben in vielen Redensarten Ausdruck gefunden, die eigentlich jeder von uns kennt: Man »klappert mit den Zähnen«, es »schlottern die Knie vor Angst« oder es »stockt der Atem«, »es läuft einem kalt den Rücken herunter«, man »bekommt eine Gänsehaut«, oder man wird »blaß vor Wut«; »vor Freude klopft das Herz«, man bekommt »leuchtende Augen« oder es »stehen vor Schreck die Haare zu Berge«.

Ein guter Beobachter kann aus dem Größerwerden der Pupillen, den kalten und schweißigen Händen oder dem schnelleren Pulsschlag auf die momentane Gefühlslage seines Gegenüber schließen. Ist man niedergeschlagen, traurig oder abgespannt, dann wirkt man älter, weil die Haut schlechter durchblutet wird. Umgekehrt spiegelt sich ein Erfolgserlebnis oder eine glückbringende Begegnung nicht nur im Befinden, sondern auch im äußeren Erscheinungsbild wider.

Das alles sind Anzeichen dafür, daß wir ständig auch vegetativ reagieren, daß das vegetative Nervensystem wie ein Seismograph unseren körperlichen und psychischen Zustand anzeigt. Auf diese Art und Weise kann aber auch rasch die Harmonie der vegetativen Funktionen aus dem Gleichgewicht geraten, für das zwei antagonistisch wirkende Funktionsmechanismen verantwortlich sind: **Sympathikus** und **Parasympathikus.** Während beispielsweise der Sympathikus den Herzschlag beschleunigt, verlangsamt ihn der Parasympathikus. Der Parasympathikus aktiviert die Verdauung, der Sympathikus hemmt sie. Dieser gegensätzliche Einfluß des Aktivierens oder Hemmens erstreckt sich auf alle inneren Organe, auf die Haut, die Blutgefäße, das Auge, die Schweißdrüsen, die glatte Muskulatur usw. Dabei wirkt der Sympathikus-Anteil immer erregend, energieentfaltend, stoffwechselfördernd (= »ergotrop«). Der parasympathische Anteil ist dagegen energiesparend, Reserven bildend und der Erholung dienend (»trophotrop«).

Dieses Gleichgewicht der beiden Kontrahenten verändert sich nachts zugunsten des Parasympathikus, am Tage zugunsten des Sympathikus. Auch im Laufe des Tages verschiebt sich dieses Gleichgewicht, abhängig von der Art und Intensität einer Tätigkeit. Bei körperlicher und geistiger Arbeit oder bei psychischer Anspannung, bei »Streß«, wird der Sympa-

thikus aktiver. In Zeiten des Entspannens überwiegt der Parasympathikus.
Wichtig ist noch ein weiterer Punkt: Jeder Mensch hat seine **individuelle vegetative Tonuslage**. Sie ist Teil seiner Konstitution und damit seiner Persönlichkeit. Menschen mit einem Überwiegen des Sympathikus sind meist lebhaft, sprechen auf jegliche Reize rasch an und neigen zu weiten

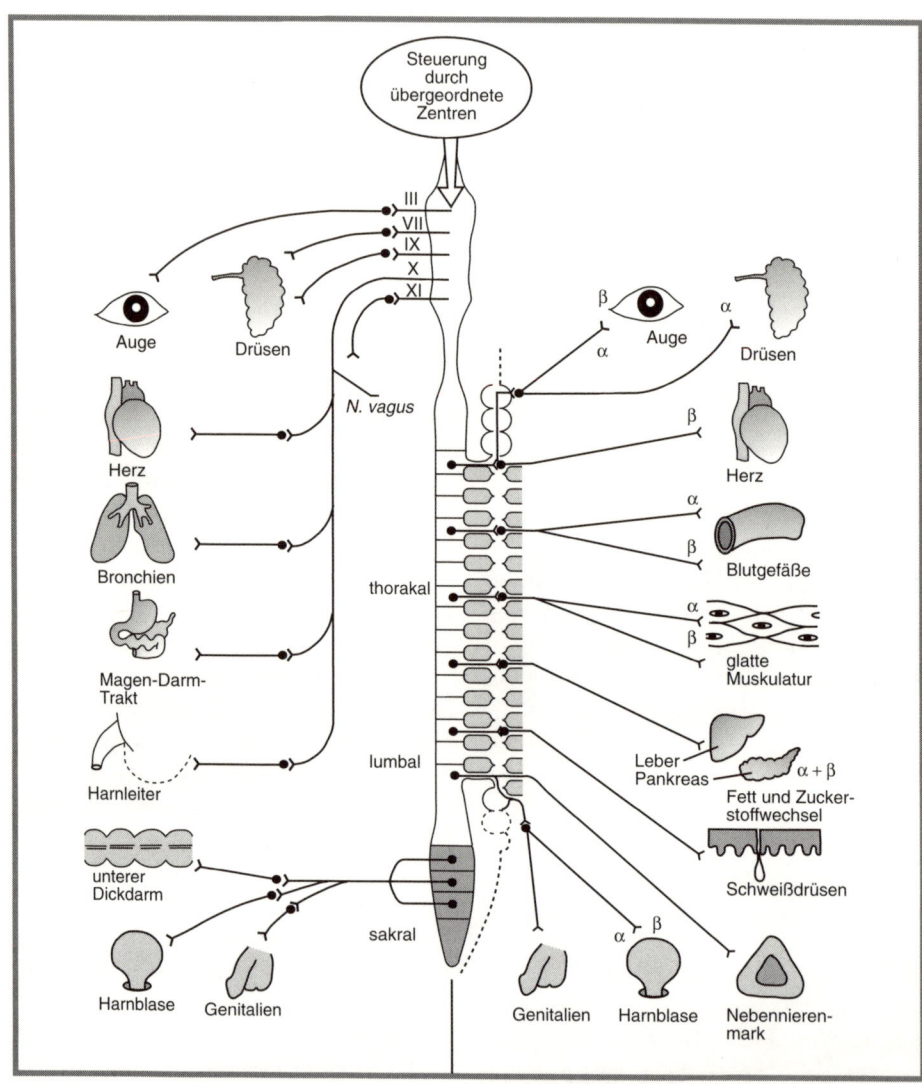

Schematische Darstellung des vegetativen Nervensystems: links der parasympathische, rechts der sympathische Teil. Die meisten Organe des Körpers werden von beiden Anteilen innerviert. Das ausgewogene Zusammenspiel ermöglicht eine ungestörte autonome Arbeit aller Organe (nach Silbernagl und Despopoulos).

Pupillen. Sie bekommen leicht kühle Hände und Füße und auch Herzklopfen.

Zu einer chronischen Störung des Gleichgewichts zwischen Sympathikus und Parasympathikus kommt es, wenn ein Mensch den Wechsel zwischen Spannung und Entspannung nicht zuläßt oder wegen anhaltender psychischer Belastung nicht mehr erreicht. Der Körper reagiert übermäßig auf normale Reize, es »stört die Fliege an der Wand«, der Schlaf ist unruhig, Schweißausbrüche und Herzklopfen treten schon bei geringsten Belastungen auf. Man reagiert unbeherrscht, neigt zu Kopfschmerzen, kann sich nicht mehr gut konzentrieren und sich nichts mehr merken…

Wie schnell (Über-)Forderungen und Spannungen zu einer solchen **Fehlregulation** vegetativer Funktionen führen, hängt auch wieder von der Konstitution ab. Manche Kinder ertragen die Belastungen des Schulalltags mit Lärm, Stillsitzen und hohem Leistungsdruck problemlos; andere klagen unter den gleichen Bedingungen über Störungen. Daß aber insgesamt die Zahl der Kinder steigt, die über solche Symptome klagen, ist auf den zunehmend nicht kindgemäßen Lebensstil zurückzuführen. Die Kinder werden in der Freizeit mit Reizen überflutet, wobei Fernsehen und Computer körperliche Bewegung ersetzen und für Schlafdefizite sorgen. Wenn andererseits das vegetative Gleichgewicht funktioniert, trägt das auch zur psychischen Stabilität bei; man kann Spannungen besser abbauen. Gleiches gilt für die körperliche Widerstandsfähigkeit und das Wohlbefinden.

Obwohl das vegetative Nervensystem autonom arbeitet, ist es doch bis zu einem gewissen Grad willentlich beeinflußbar. So können durch intensives Training die Körpertemperatur, die Herzfrequenz und die Muskelspannung kontrolliert werden. Zu diesen Methoden, die in der heutigen Zeit immer mehr an Bedeutung gewinnen, zählen das autogene Training, das Biofeedback-Training, die progressive Muskelentspannung, aber auch Yoga, Tai Chi und andere meditative Techniken, die im asiatischen Raum ihren festen Platz haben.

Fallbeispiel Kürzlich kam ein 16jähriges Mädchen in meine Sprechstunde, weil es erhebliche Schlafstörungen hatte. Es stellte sich heraus, daß sich das Mädchen in einen zehn Jahre älteren Mann verliebt und nach kurzer Zeit seinen heftigen Werbungen nachgegeben hatte. Sie war danach voller Angst, schwanger geworden zu sein. Da ihre Mutter nach der Scheidung vom Vater vor zwei Jahren depressiv geworden war, klammerte sie sich regelrecht an die Tochter und vereinnahmte sie seitdem völlig. Sie gestattete ihr keinerlei Freiräume mit Gleichaltrigen und forderte von ihr schulische Höchstleistungen, damit sie später mit einem entsprechenden Beruf unabhängig von einem Mann ihr Leben gestalten könne.

Silke liebt ihre Mutter; sie tut ihr auch leid. Sie möchte ihre Erwartungen nicht enttäuschen und ihr weiteren Kummer ersparen. Silke ist ein eher verschlossenes, sehr sensibles Mädchen. Sie konnte sich niemandem, schon gar nicht der Mutter, anvertrauen und sie daher auch nicht um Rat fragen. So mußte sie sich für ihre Rendezvous immer neue Geschichten ausdenken und schwebte ständig zwischen freudiger Erwartung und dem Gefühl, die Mutter zu hintergehen und sich womöglich die Zukunft zu verbauen. Sie wurde immer nervöser und weinte oft ohne rechten Grund. Sie konnte nicht einschlafen, wurde nachts hellwach, lag dann schweißgebadet und grübelte. Die Schule machte ihr keinen Spaß mehr, sie lernte unkonzentriert und lustlos. Die Freundin war vor einem Jahr verzogen. Zu den anderen Mädchen hatte sie keinen besonderen Kontakt, da sie auch abweisend und launisch geworden war. Sie klagte, daß sie am Tage immerfort müde und lustlos sei, sich nach Schlaf sehne, nachts aber wach liege oder auch »schlimme Träume« habe. Durch ihre Verstimmungen und Ängste habe sie nun auch ihren Freund vertrieben, an den sie aber nach wie vor ständig denken müsse. Sie wisse zwar inzwischen, daß sie nicht schwanger sei; sie erhole sich aber nicht, schlafe kaum, sei ständig gereizt und habe auch in der Schule nachgelassen.

Die Untersuchung ergibt bei dem blonden, schmalen Mädchen, das in letzter Zeit 3 kg abgenommen hatte, überlebhafte Reflexe, kalte, bläulich verfärbte Hände, die auch schweißnaß sind. Die Herzfrequenz ist erhöht, der Blutdruck niedrig. Die Pupillen sind ungewöhnlich weit. Sie ist sehr blaß. Sie berichtet, daß sie immer schon blaß gewesen sei und auch, so lange sie denken könne, »Froschhände« hatte, die bei Aufregung immer feucht werden.

Bei diesem Mädchen war es also durch einen Konflikt zu Schlafstörungen mit einem zunehmenden Schlafdefizit gekommen. Dadurch gerieten die ohnehin labilen autonomen Funktionen aus dem Gleichgewicht, und es kam zu den typischen Symptomen eines chronischen Erschöpfungszustandes.

Silke erlernte nach einigen begleitenden Gesprächen sehr rasch und sicher das autogene Training. Sie wurde ermutigt, in einen Tanzclub einzutreten, was sie schon lange wollte, aber aus Rücksicht auf die Wünsche der Mutter nicht gewagt hatte.

Für die ersten zehn Tage hatte ich ihr ein leichtes Schlafmittel gegeben, damit sie möglichst schnell das Schlafdefizit aufholen und wieder ins vegetative und damit auch leichter ins psychische Gleichgewicht kommen konnte.

Aber auch wer ständig überhöhten Reizen ausgesetzt ist, seien es Lärm, Reizungen des Gleichgewichtsorgans, intensive Lichtimpulse oder Schmerzen, bemerkt sehr bald schon Störungen des Schlafes, des Kreislaufes, der Verdauung, des monatlichen Zyklus, also Störungen der Balance, der Regulation innerhalb einzelner Funktionssysteme. Sie sind mit Gereiztheit, Unausgeglichenheit und verminderter geistiger Leistungsfähigkeit verbunden.

> **Fallbeispiel** Bei dem zwölfjährigen Olaf scheinen die Kopfhörer seines Walkman an den Ohren festgewachsen zu sein, so daß er sie vielleicht gerade mal zum Waschen abnimmt. Dann aber schallt es so laut daraus, daß jedes Radio überflüssig wird. Selbst bei den Schularbeiten und auf dem Schulweg kann er sich nicht von seinem Walkman trennen. Ergebnis nach einiger Zeit: Das Gehör ist geschädigt. Die Leistungen in der Schule sind schlechter geworden, die Aufmerksamkeit hat nachgelassen. Er ist zappelig geworden und hat wieder begonnen an den Nägeln zu knabbern. Olaf fühlt sich nicht mehr so richtig wohl, aber er weiß nicht warum.
>
> Das ständige Überreizen eines Sinnesorgans hat es dem Steuermechanismus des vegetativen Nervensystems unmöglich gemacht, den natürlichen Ausgleich herzustellen, der »Überspannung« eine entsprechende »Entspannung« folgen zu lassen.

Das Kind in seiner Umgebung

Familie

Die Familie ist die wichtigste Einrichtung im Leben eines Kindes. Sie bietet ihm Schutz, Geborgenheit, Pflege und Erziehung. Hier erwirbt das Kind dauerhafte Bindungen an Eltern, Geschwister, weitere Familienangehörige und Freunde. Hier lernt das Kind die Normen und Werthaltungen seiner Familie kennen, die wiederum die Kultur einer Gegend, eines Landes oder einer Bevölkerungsgruppe widerspiegeln. Diese Familie, die heute in den westeuropäischen Ländern häufig aus den Eltern oder gar nur aus einem Elternteil besteht, ist aber nicht ausschließlich für das Kind da. Es wächst in aller Regel als erwünschtes Mitglied der Gemeinschaft auf, erhält aber nur einen Teil der Zeit und des Interesses der Eltern.

Wie steht es nun eigentlich mit der Gleichberechtigung zwischen Erwachsenen und Kindern? Sind Eltern unmodern oder gar undemokratisch, wenn sie mitunter ihren Willen gegen den ihres Kindes durchsetzen, etwa bei der Zubettgehzeit, beim morgendlichen Verlassen der Wohnung (Kind trödelt – Mutter muß pünktlich sein)?

Sowohl Wachstum als auch Entwicklung sind im positiven wie im negativen Sinne beeinflußbar. Man kann beides durch optimale Bedingungen fördern oder durch ungünstige hemmen. Jeder weiß, daß Kinder, die nicht genügend zu essen bekommen oder zu wenig Licht haben oder sich nicht ausreichend bewegen können, im Wachstum zurückbleiben. Auch die geistige und seelische Entwicklung ist von äußeren Faktoren ganz wesentlich abhängig. Bekommen Säuglinge nicht genügend Zuwendung, werden sie – vielleicht sogar bei ausreichender Ernährung und Körperpflege – emotional vernachlässigt, dann gedeihen sie schlecht und entwickeln später Verhaltensstörungen. Neben der liebevollen Zuwendung der Mutter oder auch einer anderen Person und dem Gefühl sicherer Geborgenheit werden dem Kind aber auch von Anfang an Grenzen gesetzt, die es sehr rasch mit der gleichen Selbstverständlichkeit akzeptiert.

Was einem Kind in seiner Familie vermittelt wird, wie seine Gefühle angesprochen werden, wie es die Beziehungen der Erwachsenen zueinander erlebt, die Art, wie sie ihre Meinung durchsetzen oder sich unterordnen, ob sie ständig eigene Interessen in den Vordergrund stellen oder aber sich für das Wohl und die Bedürfnisse anderer einsetzen, ob sie immer nur reden oder auch handeln (auch bei der Erziehung der Kinder), das alles nimmt ein Kind mit zunehmendem Alter wahr und entwickelt daraus (zunächst unbewußt) ein **eigenes Bild sozialen Verhaltens**. Es sammelt Erfahrungen, welche Verhaltensweisen erwünscht sind und belohnt werden und welche unerwünscht sind und meist unangenehme Folgen nach sich ziehen, so daß man sie besser unterläßt. Das kann bedeuten, daß es dem Vorbild der Eltern folgend lernt, sich sozial zu verhalten und eine gesunde Mischung zwischen Egoismus und Altruismus zu entwickeln. Oder es wird durch Nachahmung des elterlichen Vorbilds so geprägt, daß es ein gesellschaftlich erwünschtes Verhalten vorgibt, dabei aber in Wirklichkeit eigene Interessen verfolgt.

Da ein solches Verhalten sehr verbreitet ist und bei vielen nur der eigene Erfolg auf der Wohlstandsleiter als Maßstab für den Wert eines Menschen gilt, haben sich auch die Ziele verändert, die Eltern bei der Erziehung ihrer Kinder im Auge haben. Welche Eltern möchten nicht das Beste für ihre Kinder? Für manche bedeutet das ausschließlich beruflichen Erfolg und gesellschaftliches Prestige.

Wie steht es aber mit der Gemeinschaftsfähigkeit, mit der Bereitschaft, ein harmonisches Familienleben zu führen, die Interessen anderer zu akzeptieren oder wenigstens zu tolerieren, innerlich ausgeglichen zu sein und in dem individuell erreichbaren Rahmen glücklich zu leben?

Die Erziehung eines Kindes in der Familie ist nur zu einem geringen Teil ein aktiver Prozeß. Die Art des Umganges mit einem Kind ist zu einem großen Teil aus der **Persönlichkeit der Eltern,** aus ihren eigenen Kindheitserfahrungen, aus ihrer Zufriedenheit in der Partnerschaft und im Beruf begründet. Die Rolle der Väter hat sich in den letzten Jahren erheblich geändert; sie beteiligen sich immer häufiger an der Erziehung ihrer Kinder und tragen damit auch zur Stabilisierung der Familie bei.

Andererseits hängt es nicht nur vom Bemühen der Eltern, von ihrer Kompetenz, von ihren Reaktionsmustern ab, wie sich ihre Kinder entwickeln. Das Kind ist in seinen Anlagen ein eigenständiges Wesen. Es hat ein bestimmtes Maß an Aktivität, an Aufnahmefähigkeit für Eindrücke und Informationen aus seiner Umgebung. Das Kind reagiert auf Reizangebote individuell, es steuert sein Handeln von Anfang an entsprechend seiner Persönlichkeit. Diese Anlagen sind aber noch unreif; sie entwickeln sich während der Kindheit und Jugend genauso, wie der Körper wächst, und sind in ihrem Rahmen beeinflußbar. Es findet demnach eine wechselseitige Beeinflussung statt, so daß man von einem beständigen **Rückkopplungsprozeß zwischen Kind und Eltern** sprechen kann.

Mit der Erweiterung der Beziehungen der Kinder im Schulalter, insbesondere zu den Gleichaltrigen, mit ihrer zunehmenden Eigenständigkeit, Leistungsfähigkeit und Belastbarkeit nimmt der Einfluß auf ihre Eltern zu. Umgekehrt nimmt der Einfluß der Eltern auf die Kinder ab, das Gefälle zwischen beiden wird geringer.

Die Bedeutung des familiären Klimas für die Entwicklung des Kindes zeigt folgendes Beispiel.

Fallbeispiel Philipp wurde mir mit elf Jahren vorgestellt, weil er wieder stärker stotterte. Die Mutter ist eine 38jährige sympathische Frau. Nach der

Schließung ihres Betriebes im Jahr 1991 begann die Diplomökonomin eine neue Laufbahn als Managerin in einem großen Wohlfahrtsverein. Sie arbeitete weit über die übliche Arbeitszeit hinaus und war häufig auch in Außenstellen unterwegs. Die Ehe war 1989 geschieden worden. Da sie gemeinsam mit ihren Eltern ein Haus bewohnte, war Philipp stets in liebevoller Obhut. Er war besonders gern mit dem Großvater zusammen, der ein Stück Land und einige Haustiere hatte. Vor zwei Jahren starb der Großvater plötzlich, und einige Monate darauf verstarb auch die Großmutter. Seit etwa einem Jahr wohnt der neue Partner der Mutter, zu dem der Junge eine kameradschaftliche Beziehung hat, mit im Haus. Philipp, der sich »ohne Probleme« entwickelt hatte, stotterte gelegentlich seit dem vierten Lebensjahr. (Sein Vater hatte als Kind auch gestottert, als Erwachsener habe er bei Aufregung mitunter mal ein Wort nicht ganz flüssig aussprechen können.) Philipp sei gern in den Kindergarten gegangen, hatte immer Freunde und sei dann regulär eingeschult worden. Er lernte von Anfang an gern und leicht. Er habe ein heiteres Gemüt, sei wegen seiner Spielideen auch in der Klasse und im Freundeskreis angesehen. Besonders ehrgeizig sei er nicht. Der Verlust der Großeltern sei äußerlich gar nicht so deutlich geworden. Doch bald habe er angefangen, seine Fingernägel abzubeißen, mitunter bis es blutete. Das Stottern wurde so schlimm, daß man ihn oft nicht verstand und er sich nun weniger lebhaft am Unterricht beteiligte. Die Mutter berichtet außerdem, daß er in letzter Zeit übergründliche Züge entwickele, die ihr vorher nicht so aufgefallen seien. So poliere er z.B. morgens ihr Auto auf Hochglanz. Sie habe dann manchmal Mühe, ihn zum Beenden dieser Arbeit zu bewegen, da sie sonst zu spät zum Dienst komme. Und schließlich, so erzählte sie, gäbe es noch eine deutliche Veränderung an Philipp: Er hat in den letzten Monaten erheblich zugenommen, so daß sie ihn völlig neu einkleiden mußte. Wenn er aus der Schule kommt, gammle er ein bißchen, sehe fern und brutzele sich dann etwas zusammen. Es mache ihm neuerdings Spaß, sich selbst etwas zu kochen, und er esse das mit Vergnügen. Die Hausaufgaben mache er ordentlich und gründlich, manchmal halte er sich dabei ziemlich lange auf. Er habe z.Z. einen engen Freund, mit dem er auch alles bereden könne. Abends warte er dann immer sehr auf die Mutter, die es aber nicht immer schaffe, zum Abendessen zu Hause zu sein. Dann esse er mit Manfred, Muttis Freund.

Eine solche familiäre Situation ist sicher ziemlich extrem. Philipp ist trotz der engagierten Berufstätigkeit der Mutter und den Ehekonflikten der Eltern mit folgender Trennung behütet aufgewachsen. Er hatte feste Bezugspersonen, die sich für ihn verantwortlich fühlten. Besonders die Großmutter gab acht, daß er kleine Pflichten auch gewissenhaft erfüllte, während der Großvater ihn quasi spielerisch an viele lebenspraktische Verrichtungen heranführte. Er hat ihn in seiner ausgeglichenen und liebevollen Art auch mit der Natur und mit Tieren vertraut gemacht.

Andererseits zeigt dieses Beispiel aber auch, daß ideale familiäre Verhältnisse, die man Philipp wünschen könnte, praktisch nicht umsetzbar sind. Sollte man der Mutter raten, pünktlich Feierabend zu machen? Wäre sie sonst eine schlechte Mutter? Ich glaube, daß heute kaum noch ein vernünftiger Mensch diese Fragen mit »Ja« beantworten würde.

Wie kann man also Philipp wieder mehr Stabilität geben? Da er mit fast zwölf Jahren seine Interessen ohnehin bald erweitern wird, wurden der Mutter und dem Pflegevater Manfred geraten, bis zur allmählich größer werdenden Selbständigkeit des Jungen (die aber in seiner Initiative liegen muß) die familiären Kontakte zu stärken, so daß er täglich seine kleinen Probleme und Erlebnisse abladen kann. Die Mutter als wichtigste Bezugsperson, die nicht durch Manfred ersetzbar ist, muß ihre abendlichen dienstlichen Verpflichtungen sorgfältig prüfen.

Mit Philipp wurde über mehrere Monate hinweg eine Gesprächstherapie durchgeführt. Er erlernte eine Entspannungsmethode und verschiedene Techniken, um wieder flüssiger zu sprechen und seine nervösen Angewohnheiten zu »verlernen«. Inzwischen besucht er das Gymnasium, spricht viel flüssiger und knabbert nur noch gelegentlich an seinen Fingernägeln. Er ißt noch immer gern und mehr, als er sollte, versucht aber inzwischen, mit Tennisspielen Fett in Muskeln umzuwandeln. Er hat den Verlust der Großeltern und die lange Trauer weitgehend überwunden und gelernt, seine Kindheit mit den Großeltern als ein Stück wertvoller Vergangenheit zu bewahren. Es scheint so, daß er im Laufe des letzten Jahres sehr viel an eigener Sicherheit entwickelt hat.

Bisher nicht erwähnt wurde eine acht Jahre ältere Schwester, die zur Zeit der Vorstellung Philipps bei mir bereits nicht mehr in der Familie wohnte. Von ihr soll nur so viel gesagt werden, daß bei ihr zu keiner Zeit nervöse Störungen oder Verhaltensbesonderheiten bestanden.

Fallbeispiel In meiner Betreuung befinden sich drei Geschwister, acht, sieben und vier Jahre alt. Sie wachsen seit zwei Jahren im Hause ihrer Tante, einer Schwester der Mutter, auf, da die Kinder sonst ins Heim gekommen wären.

Die Mutter der Kinder habe die Schule nach acht Klassen verlassen. Sie sei längere Zeit im Jugendwerkhof gewesen, da sie herumstreunte und von Taschen- und Warenhausdiebstählen lebte. Dort habe sie eine Lehre als Köchin begonnen. Später habe sie eine mehrjährige Gefängnisstrafe wegen Urkundenfälschung und Körperverletzung verbüßt. Sie sei sehr impulsiv und labil gewesen. Bereits während ihrer zweiten Schwangerschaft (mit Manuel) habe sie größere Mengen Alkohol getrunken und viel geraucht. Auch der Kindesvater habe viel getrunken und geraucht. Seine Eltern seien beide Alkoholiker.

Stephanie, die jetzt Achtjährige, wurde als Frühchen mit einem Gewicht von 1450 g geboren und verbrachte sechs Wochen in der Kinderklinik, ehe sie nach Hause entlassen werden konnte. Sie hatte auch danach immer wieder Ernährungsstörungen und infektiöse Erkrankungen mit häufigen Krankenhausaufenthalten in den ersten zwei Lebensjahren. Nach dem Bericht der Schwester der Kindesmutter habe diese ihr Kind »wie ein Stück Holz« behandelt. Bei der geringsten Kleinigkeit habe sie Stephanie in der Klinik abgeliefert. Da die Tante ganz in der Nähe wohnte und selbst keine Kinder hatte, habe sie sich bald mit um Stephanie gekümmert. Stephanie sei mit ihr die ersten Schritte gelaufen, habe bei ihr die ersten Wörter gelernt. Auch ihre Mutter, also Stephanies Oma, habe sich der Kleinen angenommen. Da die Kindesmutter sehr unzuverlässig war, wurde zwischen der Oma und der Tante das Abholen aus der Krippe und später aus dem Kindergarten verabredet. Mitunter, wenn nichts zu essen für die Kinder im Hause war (inzwischen war ja auch schon Manuel, der mittlere, geboren), wurden sie zur Oma geholt. Wenn Stephanie zu Hause weinte, wurde sie angeschrien oder auch geschlagen. Da die Großmutter damals berufstätig war und immer noch hoffte, daß ihre Tochter sich mehr um ihre Kinder kümmern würde, nahm sie die Kleinen nur zeitweilig zu sich. Als das Mädchen fünf Jahre alt war, wurde der Mutter mit ihrem Einverständnis das Sorgerecht aberkannt und ihrer Schwester übertragen. Stephanies erhebliche Rückstände auf sprachlichem, motorischem und sozialem Gebiet verringerten sich, die Einschulung erfolgte aber erst ein Jahr nach dem regulären Termin.

Stephanie ist ein hübsches, sehr blasses und schmales Mädchen. Während unserer ersten Begegnung malt sie ein schönes, farbiges Bild und kommentiert ihre Handlungen in ununterbrochener lebhafter Rede. Ihre Stimmung ist heiter, sie hat viele Einfälle. Bei den Kindern ihrer Klasse ist sie beliebt, da sie verträglich und immer guter Laune ist. Die Lehrerin sieht das etwas anders, da sie durch ihre Unruhe und Schwatzhaftigkeit oft den Unterricht störe. Ihre Auffassungsgabe sei gut, allerdings seien die Noten schlechter als ihre eigentliche Leistungsfähigkeit, da sie oft unaufmerksam sei und in schriftlichen Arbeiten viele Flüchtigkeitsfehler mache. Stephanie knabbert massiv Nägel, sie reißt sie mitunter sogar herunter, daß es blutet. Sie schlafe sehr spät ein, sei einfach nicht zur Ruhe zu bekommen. Morgens sei sie aber auch als erste wach. Das sei besonders an den Wochenenden ziemlich belastend für die ganze Familie. Außerdem besteht bei ihr noch eine Phobie, die man bei dem lebhaften Mädchen gar nicht vermutet. Sie hat große Furcht vor neuen, unbekannten Situationen, vor fremden Menschen, vor Dunkelheit und vor großen Tieren. So geht sie bis heute noch nicht allein zur Schule, sondern muß täglich von der Oma gebracht werden.

Der mittlere, Manuel, besucht als Integrationskind die erste Klasse. Er hat bei guter Intelligenz Lernprobleme. Er kann sich nur kurze Zeit konzentrieren, ist sehr unruhig, erregt sich leicht und beginnt bei geringen Anlässen zu weinen oder auch wütend zu schreien und um sich zu schlagen. Besondere Probleme hat er in der Geschicklichkeit, also beim Schreiben und bei Sport und Spiel: Er hat Schwierigkeiten beim Balancieren, beim Hüpfen, Werfen und Fangen von Bällen. Manuel knabbert Nägel, bis vor einem Jahr näßte er nachts ein und schaukelte sich in den Schlaf. Die Geburt sei normal gewesen. Er habe sehr spät laufen und sprechen gelernt. Er wurde wie seine größere Schwester vernachlässigt. Die Mutter habe sich bereits zu dieser Zeit häufig »herumgetrieben«. Manuels Sprache ist auch heute noch fehlerhaft, und er besitzt einen geringen Wortschatz, obwohl er seit der Betreuung durch die Tante erhebliche Fortschritte gemacht hat. Manuels Hauptprobleme sind seine geringe Belastbarkeit, Steuerungsfähigkeit und Frustrationstoleranz.

Der vierjährige Bruder Frank, der wahrscheinlich einen anderen Vater als seine Geschwister hat, ist in seiner gesamten Entwicklung erheblich verzögert. Er spricht und malt wie ein Zweijähriger. Auch in seiner körperlichen Geschicklichkeit ist er weit hinter seinem Alter zurück. Er ist ein heiteres Kind, etwas distanzlos. Er kann sich nur kurze Zeit konzentrieren. Die Mutter habe auch während dieser Schwangerschaft massiv getrunken und geraucht. Er sei acht Wochen vor dem errechneten Geburtstermin als Sturzgeburt zur Welt gekommen und schon als Säugling völlig vernachlässigt worden. Als er mit zwei Jahren in die Familie seiner Tante überwechselte, konnte er nur wenige Wörter sprechen und hatte gerade erst laufen gelernt. Seine jetzigen Probleme bestehen in einem erheblichen Rückstand seiner Sprachentwicklung, einer starken motorischen Unruhe und Ablenkbarkeit, Schlafstörungen, einer großen Ängstlichkeit, zeitweise heftigen Trotzreaktionen und hoher Aggressivität gegenüber anderen Kindern.

Diese Geschwister weisen in ihrem Verhalten zum jetzigen Zeitpunkt Gemeinsamkeiten auf, aber natürlich auch Unterschiede. Bei allen bestehen therapiebedürftige Störungen, deren Ursachen sowohl im sozialen als auch im hirnfunktionalen Bereich und deren ungünstigem Wechselverhältnis liegen.

Anlagebedingte Ursachen sind ebenfalls wahrscheinlich. Nun haben die Kinder ein Zuhause gefunden mit Menschen, die sich für sie verantwortlich fühlen und sie annehmen, wie sie sind. Einschränkend muß aber hinzugefügt werden, daß trotz der nun guten Entwicklungsbedingungen und der professionellen Hilfe niemand voraussagen kann, zu welchen Persönlichkeiten sie sich entwickeln.

Was können Eltern dazu beitragen, daß ihr Kind zu einem selbständigen, gleichzeitig aber auch gemeinschaftsfähigen, also verantwortungsbewußten und toleranzfähigen Menschen wird? Ist es richtig, dem Kind von Anfang an alle Freiheiten zu geben? Entfaltet es sich dadurch besser? Kann man z.B. einem vierjährigen Kind die Entscheidung überlassen, wann es zu Bett gehen möchte? Fast alle Kinder dieses Alters möchten bekanntlich am liebsten gar nicht vor den Eltern das Wohnzimmer verlassen. Das führt dann – wenn man dem Gedanken folgt – dazu, daß das Kind irgendwann übermüdet in einem Sessel (wahrscheinlich vor dem Fernseher) einschläft und am nächsten Morgen noch müde ist und nicht aufstehen will, wenn es in den Kindergarten gebracht werden soll und die Mutter zur Arbeit geht. Die nach dem Prinzip völliger Gleichberechtigung zwischen Kindern und Erwachsenen erziehende Mutter müßte nun mit ihrem quengeligen, müden Kind verhandeln. Hier merkt nun aber jeder, der Kinder hat, daß eine solche Diskussion ein vierjähriges Kind bei weitem überfordert. Ein Kind in diesem Alter kann die möglichen Konsequenzen von Handlungen oder Unterlassungen nicht überschauen. Dabei sollten ihm alle Maßnahmen erklärt werden, aber nicht immer wieder. Es ist ein beliebter Trick auch schon sehr kleiner Kinder, daß sie so Zeit zu gewinnen versuchen und daß sie ihre Möglichkeiten ausloten, doch noch ans Ziel ihrer Wünsche zu gelangen. Und sie lernen natürlich am Erfolg. Gelingt es ihnen hin und wieder, ein verwehrtes Ziel doch zu erreichen, dann werden sie es immer wieder versuchen und immer raffinierter oder drängender werden.

Als Bewegung gegen eine Erziehung mit übertriebenem Dirigismus und Bevormundung der Kinder bis hin zu brutaler Gewalt entstanden in den 70er Jahren die »Kinderläden«, denen die Idee nichtautoritärer Erziehung zugrundelag. Hier wurden Kinder aufbewahrt, ohne daß ein erzieherischer Einfluß ausgeübt wurde, ohne daß Verhaltensnormen zu akzeptieren waren. Diese Experimente haben aber gezeigt, daß Kinder, denen man keinerlei Grenzen setzt, immer aggressiver statt friedfertiger werden.

Ebenso wichtig ist es, das Vereinbarte zu kontrollieren. Wenn ein Kind sein Zimmer aufräumen soll und immer wieder merkt, daß hinterher keiner nachsieht, ob und wie es ausgeführt wurde, wird es bald in seiner Aktivität nachlassen. Vielleicht ist es sogar enttäuscht, weil es nun auch kein Lob für besonders sorgfältiges Aufräumen erhält. Diese Kontrolle wird immer weniger nötig, je besser das Kind die anfänglich fremdgesteuerte Handlung in sein eigenes Verhaltensrepertoire aufgenommen hat. Überspringen läßt sich die erste Phase aber leider nicht. Ein Jugendlicher, der bisher durch Kontrolle nicht gelernt hat, seine Aufgaben zuverlässig zu erfüllen, wird es nun »aus dem Stand« heraus nicht können. So ist das Lernen bestimmter Normen, ohne die ein Leben in einer Gemeinschaft nicht möglich ist, jenseits einer bestimmten Entwicklungsphase schwierig, ja mitunter nicht mehr nachholbar.

DAS KIND IN SEINER UMGEBUNG 37

Auf der einen Seite gibt es Familien, in denen Kinder häufig sich selbst überlassen sind, in denen keiner Zeit hat, die alltäglichen Sorgen und Begebenheiten des Kindes anzuhören, in denen nichts gemeinsam unternommen wird, ja selbst die Mahlzeiten nicht mehr gemeinsam eingenommen werden. Das andere Extrem ist aber auch nicht gut für das Kind: wenn nämlich keine Freiräume bestehen, das Kind seine Autonomie nicht entwickeln kann, weil die Mutter jeden Schritt ihres Kindes bewacht, es vielleicht über Jahre zur Schule bringt und damit dem Gespött der Mitschüler aussetzt. Durch eine solche **übertrieben behütende Haltung,** sei sie aus einer Krankheit oder Behinderung des Kindes erwachsen oder aus einer ängstlichen Erwartung der Eltern, entwickelt sich ein Kind zum »Muttersöhnchen«. Es traut sich nichts zu, wird womöglich so auf die Mutter oder den Vater geprägt, daß es nicht in der Lage ist, Kontakte zu Gleichaltrigen aufzunehmen.

Ein weiteres Problem stellen die **kleinen Tyrannen** dar, die ihre Familie nach ihrer Pfeife tanzen lassen. Tyrannen werden nicht geboren, sondern entwickeln sich dazu. Oft sind es sehnlich erwünschte Kinder, zu denen die Eltern keine »normale« Beziehung aufbauen können, sondern eine »Affenliebe« entwickeln. Vielleicht war das Kind sehr krank, und es haben sich in dieser Zeit Verhaltensweisen entwickelt, die danach schwer wieder zu verändern sind. Oft ist aber einfach die Unsicherheit einer vielleicht sehr jungen, überängstlichen oder erziehungsunfähigen Mutter schuld.

Mit zunehmendem Alter muß das Kind mehr Freiräume erhalten. Bisherige Regeln des Zusammenlebens müssen in täglichen Verhandlungen und Anpassungsmanövern neu festgelegt werden, da sie vom Jugendlichen in Zweifel gezogen werden. Die Kinder wollen ja eigentlich nicht die Lösung des Kontaktes zu den Eltern, sie wollen vielmehr in ihrer zunehmenden Autonomie akzeptiert werden. Das verlangt unweigerlich eine Veränderung der bisherigen Beziehungen. Leider geht das nie ohne Konflikte ab. Besonders Mütter, die »nur für ihre Kinder da« sind, haben oft Probleme mit deren zunehmender Distanz. Sie reagieren verletzt und gereizt. Ein familiäres Klima mit ständigen Nörgeleien und Bevormundungen in einem Alter, in dem Kinder ihre Umwelt schon sehr realistisch beurteilen können, bewirkt oft das Gegenteil dessen, was man beabsichtigt. Die Kinder fühlen sich unverstanden und suchen sich ihre Vertrauten außerhalb der Familie.

Ich hoffe, ich habe deutlich machen können, welche Verantwortung, aber auch welche Möglichkeiten für eine optimale Entwicklung des Kindes bei der Familie liegen. Um seinem Kind eine gute Mutter oder ein guter Vater sein zu können, muß man weder eine pädagogische noch eine psychologische Ausbildung haben. Eltern sollten auch nicht nach der Lektüre einschlägiger Literatur das Verhalten der Familienmitglieder zu analysieren und zu erklären beginnen. Wichtig ist ein möglichst natürlicher und ehrlicher Umgang miteinander – und viel Zeit füreinander. Es ist für mich immer wieder verblüffend, wie viele Eltern sich im Umgang mit ihren Kindern »richtig« verhalten.

Kindergarten

Der Besuch des Kindergartens ist für drei- bis sechsjährige Kinder zu einem weitgehend selbstverständlichen Lebensabschnitt geworden. Viele Eltern haben selbst einen Kindergarten besucht und erinnern sich gern an eine geliebte Kindergärtnerin, an den Spielgarten, an bestimmte Kinder, zu denen vielleicht noch bis heute Kontakte bestehen.

Kindergärten haben mehrere Aufgaben. Einerseits sollen sie die Mütter entlasten, die wieder beruflich tätig sein möchten oder müssen. Andererseits fördern sie die Entwicklung der kindlichen Persönlichkeit im Umfeld anderer Kinder, da heute die Kleinfamilie überwiegt.

Kinder brauchen erwachsene, enge Bezugspersonen, die ihnen Sicherheit und Geborgenheit geben und von denen sie Regeln und Normen aus liebevoller Zuneigung oder aus Angst vor Tadel oder gar Strafe übernehmen. Die Entwicklung des Kindes in der Familie bleibt die stabile Basis, von der niemand die Eltern entbinden kann und soll. Daneben braucht ein Kind sowohl zu seiner geistigen als auch seelischen Entwicklung noch weitere Vergleichs- und Lernmöglichkeiten. Früher wuchsen die meisten Kinder mit mehreren Geschwistern auf, denn unabhängig vom sozialen Status der Eltern waren große Familien die Regel. Heute gibt es mehr und mehr Familien mit Einzelkindern, die wichtige Erfahrungen und Lebensregeln in größeren Gemeinschaften nicht kennenlernen können. Deshalb ist es gesellschaftlich notwendig, soziale Defizite zu verhindern. Denken wir nur an die Fähigkeit, gemeinsam zu spielen, sich zu arrangieren, Meinungen mit Ranggleichen auszutauschen, sich durchzusetzen oder die Meinung anderer auch ohne soziales Gefälle zu akzeptieren oder zu teilen und Solidarität zu üben, also letztendlich gemeinschaftsfähig zu werden. Diese Begegnungsmöglichkeiten für Kinder müssen allen eröffnet werden.

Es gilt als erwiesen, daß der Kindergarten eine ausgleichende Wirkung hat. Besonders günstig wirkt sich das auf Kinder unterprivilegierter Eltern aus, die oft wenig erzieherische Kompetenz, eigene Probleme der Lebensbewältigung und meist ein geringes Einkommen haben. Aber gerade diese Kinder können ihn oft nicht besuchen, weil ihre Eltern im Ansturm auf die begehrten Plätze unterliegen bzw. das Geld dafür nicht aufbringen können. Das gleiche gilt für Ausländer, deren Kinder einen erheblich leichteren Start in unser Schulsystem hätten, könnten sie schon im Vorschulalter integriert werden. Und es gilt für behinderte Kinder, die nur zu etwa 50 Prozent in Kindergärten aufwachsen. Der Kindergarten ist der ideale Ort, Kinder spielend miteinander zusammenzubringen, ehe gesellschaftliche Vorurteile diese Bereitschaft einschränken.

Da wir auch wissen, wie wichtig die Zufriedenheit und Ausgeglichenheit der Mütter ist und daß berufstätige Frauen in der Regel selbstbewußter und zufriedener sind als »Nur-Hausfrauen«, müssen Kindergärten auch so organisiert werden, daß Frauen einen Beruf ausüben können. Vielerorts existieren zwar Kindergärten, aber da sie nur halbtags geöffnet sind und keine Mahlzeiten anbieten, werden automatisch die Kinder berufstätiger Mütter ausgegrenzt. Es wird nach wie vor jungen Frauen sehr schwer gemacht, ihre Mutterschaft und ihre berufliche Tätigkeit zu verwirklichen.

Neben sehr positiven Erfahrungen mit Kindergärten werden immer wieder Befürchtungen laut, daß die emotionale Bindungsfähigkeit leiden und die Persönlichkeitsentwicklung uniform verlaufen könnte. In zahlreichen Untersuchungen konnten jedoch selbst für Kinder vor dem dritten Lebensjahr keine Nachteile gefunden werden. Die Ergebnisse verweisen darauf, daß die Bindungsfähigkeit des Kindes in erster Linie von den Eltern, von ihrer Kompetenz und von der Qualität der Eltern-Kind-Beziehung abhängt. Nicht die Betreuung des Kindes durch mehrere Erwachsene, sondern der unterbrochene Kontakt einer Person wurde als Risikofaktor für die weitere Entwicklung des Kindes identifiziert.

Der Kindergarten ist nicht nur für die Kinder eine Spiel- und Begegnungsstätte, sondern auch für die Angehörigen. Oft tauschen sie sich über Probleme ihrer Kinder aus und finden auch mal Eltern, die ihr Kind für ein paar Stunden mit beaufsichtigen, ohne daß teure Dienste fremder Menschen beansprucht werden müssen.

Längst ist auch bekannt, welche Bedingungen innerhalb des Kindergartens gut und welche weniger gut sind. Die **Gruppenstärke** muß auf die Anzahl der Erzieherinnen und auf die Raumgröße abgestimmt sein. In großen verschachtelbaren Räumen kann es für Gruppen mit jüngeren und älteren Kindern gut sein, eine relativ große Anzahl (ca. 30 Kinder) zu haben. Die Kinder können sich je nach Spielinteressen in kleinen Gruppen mit Erzieherin zusammenfinden, wie es z.B. in Montessori-Einrichtungen der Fall ist. Sind zu viele Kinder in engen Räumen zusammen, ist das besonders für jüngere, scheue, ängstliche, aber auch überaktive oder gar aggressive Kinder sehr ungünstig. Auch die Erzieherin wird solche Bedingungen nicht lange ertragen können. Wissenschaftliche Untersuchungen haben nachgewiesen, daß bei einer Verkleinerung der Räume die Aggressivität zunimmt. Ich halte die derzeitig übliche Praxis von ungefähr 25 Kindern pro Gruppe für zu hoch, wenn man bedenkt, daß sich in solchen Gruppen mehrere erziehungsschwierige oder stark entwicklungsverzögerte oder ängstlich-gehemmte Kinder befinden. Diese »besonderen Kinder« müssen individuell betreut und gefördert werden, will man nicht ihre Probleme in die Schulzeit verschieben und sie damit von Tag zu Tag vergrößern. Im übrigen ist auch die Wirkung des Lärmpegels auf Kinder nicht zu unterschätzen. Es ist ein weit verbreiteter Irrtum, daß Kinder Lärm gut vertragen.

Die **Person der Erzieherin** spielt natürlich eine wichtige Rolle. Je sicherer, warmherziger, ideenreicher sie ist, desto mehr werden die Kinder sie annehmen und sich von ihr lenken lassen. Sie ist eine Identifikationsfigur, eine soziale Instanz. Sie sollte eine solide pädagogische Ausbildung haben, wenn der Kindergarten nicht ausschließlich Aufbewahrungsort sein soll, für andere kulturelle Elemente offen sein und diese auch in die Alltagsarbeit des Kindergartens miteinbeziehen.

> Die Integration behinderter wie auch ausländischer Kinder hängt wesentlich von der Kompetenz der Erzieherin und ihrer Haltung ab. Integration – fast schon ein Schlagwort – ist schwer umzusetzen, da viele Menschen ihre Vorurteile nicht ablegen wollen. Wenn sich das ändern soll, dann vor allem über ein selbstverständliches Zusammenleben der Kinder.

Je später man damit beginnt, desto komplizierter wird es. In der Schule ist es nur noch schwer möglich, auf Besonderheiten einzelner Kinder einzugehen, weil hier die Wissensvermittlung im Vordergrund steht.

Die Frage, ob gleichaltrige Kinder in einer Gruppe sein sollten oder besser Kinder **unterschiedlichen Alters** (etwa wie in einer Familie), wird kontrovers gesehen, je nachdem, welche Ziele man mit einer Kindergartenbetreuung verbindet. Einerseits können Gleichaltrige besser in homogene Beschäftigungen eingebunden und stärker für ein bestimmtes Thema interessiert werden, wie es der Erziehungswunsch vieler Eltern ist. Das gilt besonders für die Fünf- und Sechsjährigen in der Vorbereitung auf die Schule. In solchen Gruppen ist es einer Erzieherin auch besser möglich, die noch nicht erreichte Schulreife eines Kindes festzustellen und es individuell zu fördern. Welche Rolle die Gleichaltrigen im Kindergartenalter für die soziale Entwicklung spielen, ist nicht genügend bekannt. Vielmehr ist in diesem Alter ein Gefälle an Erfahrung für beide ein Gewinn. Jüngere Kinder werden von den älteren angeregt; für die Dreijährigen haben die Fünfjährigen die wichtige Funktion des nachahmenswerten Vorbildes, sei es der Wortschatz, die Regelkenntnis bei Spielen oder die körperliche Gewandtheit. Die Älteren dagegen lernen Toleranz und Rücksichtnahme auf Schwächere und können jemanden beschützen, sich für ihn verantwortlich fühlen. Sie können eigene Fertigkeiten an andere vermitteln, sind besser als andere (was manche Kinder in einer Gleichaltrigengruppe nie erreichen). Andererseits besteht für die Älteren die Gefahr der Unterforderung.

Inzwischen gibt es schon Gruppen mit noch größeren Altersspannen, wo auch Ein- und Zweijährige und auf der anderen Seite Hortkinder der jüngeren Schulklassen gemeinsam betreut werden. Wie gut solche an sich richtigen Prinzipien dann in der Praxis funktionieren, hängt von mehreren Begleitumständen ab, z.B. von der Anzahl und der Qualität der Erzieherinnen sowie von der Größe und den

Aufteilungsmöglichkeiten der Räume. Da in vielen Einrichtungen weniger Plätze als Anmeldungen vorhanden sind, ist die Zusammensetzung schon deshalb relativ homogen auf die Älteren eingegrenzt, weil man eventuell jahrelang auf einen Platz warten muß.

Auch im Vorschulalter brauchen Kinder **Freiräume,** in denen sie eigene Vorstellungen entwickeln und mit denen anderer Kinder vergleichen können, wo sie ihre Interessen an denen anderer reiben müssen, ohne von vornherein im Hierarchiegefälle festgelegt zu sein. Es ist gut, wenn sie Regeln und Normen selbst festlegen und befolgen lernen. Sie müssen sie auch aus eigener Erkenntnis korrigieren, wenn sie ihre Beziehungen und ihr Spiel ausgestalten, wenn also nicht alles »zu ihrem Wohle« von Erwachsenen organisiert ist. In diesem Rahmen können sie ein Gefühl für Gleichheit, für Gleichberechtigung und allmählich für Gerechtigkeit eher entwickeln als mit Erwachsenen.

Immer wieder interessant zu beobachten ist, wie geschickt schon Vier- und Fünfjährige miteinander verhandeln, sich verbünden, konkurrieren und lernen, mit Erfolgen und Mißerfolgen umzugehen. Bei jedem Kind kann man bei sorgfältiger Beobachtung bereits seine charakterlichen Besonderheiten, sein Temperament und seine Vorerfahrungen erkennen. Kinder dieses Alters fassen ja bekanntlich rasch auf und haben eine sehr gute Merkfähigkeit, so daß sie sehr schnell ihr Verhalten unterschiedlichen Gegebenheiten anpassen können. Ihr hohes Nachahmungsvermögen hilft ihnen, oft sehr komplexe Situationen zu erfassen und richtig zu handeln. Kinder dieses Alters verstehen schon vieles, wollen ernst genommen werden und sich für etwas verantwortlich fühlen. Sie lernen am liebsten spielend oder handelnd. Darin sind sie unermüdlich; sie üben und werden mit jeder Wiederholung sicherer. Im Kindergarten ist es selbstverständlich, daß sie z.B. den Tisch decken und wieder abräumen. Geht dabei etwas entzwei, wird das bedauert mit der Bemerkung: »Das kann doch passieren. Beim nächsten Mal klappt es bestimmt schon besser.« Zu Hause sagt man dagegen oft: »Dazu bist du noch zu klein.« oder »Mutti macht das rasch, wir haben wenig Zeit« oder »Mutti wäre sehr traurig, wenn das Porzellan herunterfällt«, »Siehst du, ich habe es gleich gesagt.«

Lange wurde auch das **gemeinsame Spiel,** die »Arbeit der Kinder«, in seiner Bedeutung für die Persönlichkeitsentwicklung unterschätzt. Im Spiel eignet sich das Kind seinem Alter entsprechend die Realität an. Diese spielerischen Interaktionen müssen von den Erwachsenen »nur« angestiftet und ermöglicht werden. Neben den selbstgewählten Spielen sollten die Kinder zu gemeinsamen Tätigkeiten wie Musizieren, Malen, Basteln, Vorlesen und Erzählen, Beobachten und Pflegen, z.B. von Tieren oder Pflanzen, angeregt werden. Kinder sind sowohl im Kindergarten als auch später in der Schule oft vom realen Leben abgeschottet. Dabei gibt es viele Möglichkeiten, in der Umgebung der Einrichtung berufliche Tätigkeiten kennenzulernen oder Beziehungen zu

Altersheimen, zu Einrichtungen für geistig Behinderte oder zu Tierheimen zu knüpfen. So werden Kinder frühzeitig spielerisch an die Probleme herangeführt, die sie später mitgestalten sollen. Hat ein Kind selbst Kontakte mit Tieren, besucht man z.B. Tiere in ihrer natürlichen Umgebung oder geht in einen Streichelzoo, so entstehen unbewußt Gefühle, Tiere zu pflegen statt zu quälen. Schließlich übertragen sich solche Einstellungen auf alle Schwächeren und Schutzbedürftigen. Über die emotionale Beteiligung, die ein Teil der Erinnerung an diese Erlebnisse wird, haben solche Begegnungen große Bedeutung für späteres Verhalten.

In den Kindergärten treffen sich Kinder aller Temperamente, mit sehr unterschiedlicher Vorerfahrung gesellschaftlicher Regeln, mit der ganzen Palette von Lernvoraussetzungen und -vermögen. Die Eltern all dieser Kinder leben unter sehr verschiedenen sozialen Bedingungen. Es ist also sicher unmöglich, im Kindergarten alle Erwartungen zu erfüllen. Es wäre aber auch zu wenig, ihn lediglich als Aufbewahrungsort einzustufen.

Kinder in diesem Alter haben ein ungeheures Potential an Aufnahme- und Verarbeitungsmöglichkeiten auf allen Gebieten. Kinder, die aus den unterschiedlichsten Gründen schwierig sind, Probleme im Umgang mit anderen haben, deren Eltern vielleicht unfähig oder nicht bereit sind, ihren Kindern zu helfen, sind in diesem jungen Alter noch viel besser als später in der Lage, Gemeinschaftsfähigkeit zu erlernen. Eine solche Möglichkeit bietet der Kindergarten, in dem Kinder mit ihren besonderen Begabungen, aber auch Benachteiligungen ohne den späteren schulischen Leistungsdruck miteinander umgehen lernen.

Schule

Eine internationale Studie zu Schülerurteilen über die Schule aus dem Jahre 1988 (Czerwenka) ergab, daß die Freude an der Schule mit der Schuldauer kontinuierlich abnimmt. Zensuren und Zeugnisse werden von 47 Prozent der Schüler vierter Klassen, aber von 55 Prozent der Schüler elfter Klassen als negativ erlebt. Nach einer anderen Studie von 1985 (Lang) geht ein Viertel der acht- bis zehnjährigen Kinder nicht gern zur Schule. Befragungen der Schüler ergaben, daß die Erfordernisse der Schule für die meisten heutigen Schüler eine hohe persönliche Belastung darstellen. In einer vergleichbaren Studie aus dem Jahre 1955 werteten 84 Prozent der Jugendlichen die Schule positiv, während es 1984 nur noch 50 Prozent waren.

Als »schulbezogene Problembelastung« wurden 1987 von Schülern der 7. bis 9. Jahrgangsstufe folgende Faktoren genannt:
- Unterrichtsinhalte, die oft mit dem realen Leben wenig oder gar nichts zu tun haben
- Sinnlose Schulregeln
- Prüfungsstreß
- Wenig Möglichkeiten zur Mitbestimmung

Die Befragten sahen dagegen wenig Probleme in den sozialen Beziehungen zu Mitschülern und Lehrern. Als Folge hoher psychischer Belastungen werden Verstöße gegen die Norm und Leistungsangst genannt. Die Schülerkritik an der Schule ist offensichtlich schärfer geworden, jedoch werden die Existenz und die Legitimität der Schule von den Jugendlichen nicht grundsätzlich in Frage gestellt.

In der zunehmend auf Leistung orientierten Gesellschaft, mit der sich auch die meisten Eltern identifizieren, ist die Schule das Nadelöhr zu einem »angemessenen« Platz in der Erwachsenenwelt. Damit wird aber bereits beim Kind ein Leistungsdruck erzeugt, der je nach Konstitution, Leistungsfähigkeit und auch Verhalten der Eltern zu chronischem Streß und damit zu nervösen Störungen und Verhaltensschwierigkeiten führen kann. Nicht alle Eltern wollen ihre Kinder diesen Belastungen aussetzen. Sie möchten nicht, daß vordergründig kognitive Fähigkeiten entwickelt werden, sondern eben die Gesamtpersönlichkeit. Auch Eltern mit »Problemkindern«, die in der Regelschule entweder vom Verhalten oder von den Leistungen her nicht »der Norm« entsprechen, sehen sich nach **alternativen Schulformen** um.

Ich möchte hier kurz auf drei solcher Beschulungsformen eingehen. Es sind historisch entstandene und auch so zu verstehende pädagogische Konzeptionen.

Die **Pädagogik nach Maria Montessori**: Die Ärztin Maria Montessori lebte von 1870 bis 1952 mit längerfristigen Aufenthalten in Deutschland, Italien, Spanien, Indien und Holland. Die erste Phase ihres Wirkens und die ersten Bücher fallen in die Zeit der reformpädagogischen Bewegung, die in der deutschsprachigen Geschichtsschreibung zwischen 1900 und 1932 angesetzt wird. Ihr pädagogischer Ansatz stellt das Kind mit seinen Bedürfnissen in den Mittelpunkt. Ihre Erziehungsgedanken sind von großer Ehrfurcht vor dem Kind geprägt. Über Jahrzehnte entwickeltes Arbeitsmaterial wird von den Kindern entsprechend ihrem Interesse genutzt. Auf ihren Wunsch hin wird es von den Pädagogen erklärt, so daß die Kinder dann selbständig damit umgehen können. Bestimmender Grundsatz ist:

> Nicht das Ziel ist wichtig, sondern der Weg dahin, der sehr individuell vom Kinde nach Art und Tempo bestimmt wird.

Das ermöglicht langsamer lernenden Kindern das gemeinsame Arbeiten mit den anderen. Dadurch lernen die Kinder – frei von Leistungsdruck, der durch den Vergleich mit der Gruppennorm entsteht – leichter und mit mehr Freude.

Besonders für leistungsschwächere, wenig ausdauernde und behinderte Kinder ist das von Vorteil. Hier wird bereits vom Ansatz her Integration verwirklicht, die sich auch in den Regelschulen durchzusetzen beginnt (die aber auch nicht um jeden Preis erzwungen werden sollte, weil sie bei fehlenden Voraussetzungen in einer Schule dem behinderten Kind mehr schaden als nutzen kann).

Die heute existierenden Montessori-Einrichtungen nehmen Kinder ab drei Jahren auf. Ein Wechsel von der Regelschule in die Montessori-Einrichtung ist jederzeit möglich, die umgekehrte Richtung ist eher schwierig.

Die **Waldorf-Pädagogik** geht auf Rudolf Steiner (1861 bis 1925) zurück. Auch bei ihm entstand der pädagogische Ansatz aus der Liebe zum Kind. Seinem Erziehungsprinzip liegen aber zusätzlich bestimmte Auffassungen über das Wesen des Menschen zugrunde, die auf seiner anthroposophischen Erkenntnistheorie basieren (gr. anthropos = Mensch; sophia = Weisheit). Er greift dabei weniger auf wissenschaftliche Erkenntnisse zurück als vielmehr auf philosophische Überlieferungen aus der Antike, auf die Naturphilosophie Goethes, den er sehr verehrte, und auf östliche Weisheiten. 1919 gründete er die erste Freie Waldorfschule für die Kinder der Arbeiter einer Zigarettenfabrik in Stuttgart.

Die Anthroposophie Steiners und die in diesem Sinne arbeitenden Schulen hatten damals eine große Anhängerschaft, was dem Charisma Steiners und auch den besonderen sozialpsychologischen Bedingungen nach dem ersten Weltkrieg zugeschrieben werden kann. Nachdem die Bewegung in den folgenden Jahrzehnten nur noch wenig beachtet wurde, entstand eine Renaissance der Waldorf-Schulen in den 60er Jahren als Alternative zum regulären Schulsystem.

Ziel ist es, den ganzen Menschen zu bilden, ihn sich selbst formen zu lassen nach seinen individuellen Anlagen und Neigungen. Besonderer Wert wird auf die musische Ausbildung und die Entwicklung kreativer Kräfte gelegt. Es ist nur in zweiter Linie das Ziel der Waldorf-Schule, besonders leistungsfähige und leistungswillige Absolventen heranzubilden.

Da die Schule nach den Grundsätzen der Steinerschen Anthroposophie arbeitet, sollten sich Eltern vorher genau darüber informieren. Aus den genannten Methoden heraus ist es schwierig, ein Kind – besonders in höheren Klassen – wieder in das Regelschulsystem aufzunehmen.

Der Begründer der **Freinet-Pädagogik,** Célestin Freinet, geboren 1896 in Frankreich, fühlte sich von der Reformpädagogik der 20er Jahre angezogen, die eine natürliche und kindgemäße Erziehung propagierte. Sein Leben lang setzte er sich für eine Schule ein, die frei von obrigkeitlichen Zwängen und einseitiger politischer Indoktrination ist. Er gründete ein sogenanntes Landerziehungsheim inmitten der Natur mit vielen Möglichkeiten kreativer Entfaltung der kindlichen Betätigung (z.B. Kleintiergehege, Schulgarten, Werkstätten) und versuchte, mit dieser Schule seine Ideale zu verwirklichen:

- Beachtung der Individualität des Kindes (Kampf gegen eine für alle verbindliche Norm)
- Die Achtung und erzieherische Wirkung der Arbeit, eigenes Experimentieren und das Suchen nach Lösungswegen (Verbindung von Theorie und Praxis)
- Selbstkontrolle bei allen Arbeiten, um Erfolgserlebnisse zu schaffen

- Viel Spielraum für schöpferische Kräfte des Kindes mit allen möglichen Ausdrucksmitteln
- Beachtung der freien Kooperation, Mitverantwortung und damit Erlernen demokratischer Spielregeln mit Verantwortung und Grenzen
- Respekt vor der Meinung anderer
- Bedeutung des Spiels: Angebote von »Spielen mit Arbeitscharakter« und »Arbeit mit Spielcharakter«
- Verbindung von Sprache, Musik und Bewegung ohne Dressur
- Verhaltensregeln, die von der Klasse erstellt, kontrolliert und kritisiert werden

Erziehung im Geiste Freinets ist Erziehung zu verantworteter Demokratie.

Fallbeispiel Ich lernte Sebastian kennen, als er nach der Einschulung (eine Kindergartenbetreuung hatte nicht stattgefunden) in erheblichem Maße Verhaltensstörungen entwickelte. Er folgte dem Unterricht kaum und war nur sehr langsam in der Lage, gewisse Regeln des Schulalltags zu verstehen und zu akzeptieren. Von den Mitschülern wurde er geärgert, zumal sich nach kurzer Zeit ein Gesichtstic bemerkbar machte. Und vor dem Einschlafen verfiel er in heftige Schaukelbewegungen, bei denen er sich blaue Flecken am Kopf zuzog. Er wollte nicht mehr in die Schule gehen und machte einen regelrecht verstörten Eindruck.

Sebastian und seine beiden jüngeren Geschwister waren von der Mutter liebevoll umsorgt worden. Allerdings beschäftigte sie sich kaum mit ihnen, regte sie nicht zum Spielen an und las ihnen auch keine Geschichten oder Märchen vor. Überhaupt waren keine Bücher, auch keine Bilderbücher im Haus. Fragen der Kinder wurden wortkarg beantwortet. Da sie selbst wenig sprach, einen geringen Wortschatz hatte und die Grammatik nicht sicher beherrschte, war es nicht verwunderlich, daß die Kinder sprachlich mit ihren Altersgenossen nicht mithalten konnten. Aber auch das Denkvermögen und das Sozialverhalten waren weit hinter denen gleichaltriger Kinder zurück. Lag nun die Überforderung des Kindes an einer erschwerten Auffassungsgabe, war sie das Ergebnis der häuslichen Erziehung, oder waren beide Faktoren wirksam?

Die Prüfung der intellektuellen Leistungsfähigkeit ergab Werte im unteren Normbereich. Aber was in solchen Tests gemessen wird, ist immer auch durch Training erworbenes Wissen und Können; es gibt keinen Absolutwert einer Veranlagung. Als dieser Junge drei Monate in einer kinderpsychiatrischen Einrichtung war und dort, übrigens mit wachsendem Vergnügen, die Klinikschule besuchte, wurde er auch einem Lerntraining unterzogen. Es stellte sich heraus, daß er eine gute Auffassungsgabe hatte und einen enormen Zuwachs in der Sprache erreichte. Die nervösen Erscheinungen waren am Ende dieses Behandlungszeitraumes vollkommen verschwunden, und er hatte einen gleichaltrigen Freund gefunden.

Der Behandlungserfolg könnte bei diesem Kind auch Einfluß auf seine gesamte Entwicklung haben. Er hat in diesem relativ langen Zeitraum Methoden, wie man lernt, wie man etwas löst, nicht nur kennengelernt, sondern auch angenommen. Das bleibt nicht ohne Einfluß auf seinen weiteren Umgang mit Problemen und mit Menschen. Es ist zu hoffen, daß diese Erfahrungen so nachhaltig wirken und so fest in seinem Verhaltensrepertoire verankert sind, daß er zu Hause nicht wieder in seine alten Handlungsmuster verfällt.

Der dauerhafte Erfolg solcher Bemühungen hängt von vielerlei Umständen ab. So ist das Alter des Kindes wichtig. Einerseits ist es günstig, wenn bestimmte Muster nicht zu lange benutzt werden. Andererseits muß das Kind schon in der Lage sein, sich in seiner Umwelt zumindest ein wenig zu reflektieren.

Auch die charakterliche Veranlagung ist für solche Lernprozesse bedeutsam. Ist bei einem Kind Ehrgeiz zu wecken, ist es fleißig, läßt es sich leiten, ist es gefühlsmäßig gut ansprechbar, sind logische Denkvollzüge vorhanden oder erlernbar? Dann bestehen gute Voraussetzungen für einen anhaltenden Therapieerfolg, und zwar unabhängig vom häuslichen Milieu.

Fallbeispiel Steven wurde mir mit zehn Jahren wegen großer Schwierigkeiten in der Schule vorgestellt. Er war vor vier Jahren eingeschult worden, befand sich aber erst in der zweiten Klasse. Im aktuellen Schulbericht steht u.a.: »Steven ist erheblich verhaltensgestört. Dies zeigt sich in geringer Konzentrationsfähigkeit (maximal 15 Minuten in allen Lernbereichen), einer mangelnden Willensbereitschaft und Störungen bei der sozialen Einordnungsfähigkeit. Seine Mitschüler und das Lehrpersonal sind durch ihn gesundheitlich gefährdet... In fast jeder Unterrichtsstunde verursacht er Störungen, z.B. läuft er durch die Klasse und schlägt grundlos auf einen Mitschüler ein. Bei Konflikten kommt es stets zu brutalen Schlägereien und Zerstörungen von Schülereigentum.«

Steven wurde als zweites von drei Kindern geboren. Die Mutter ist Verkäuferin, z.Z. wegen Steven zu Hause. Auch sie sei als Kind sehr zappelig und nervös gewesen. Sie ist einfach strukturiert, eher nachgiebig. Sie käme mit Steven ganz gut klar. Nur wenn er üben solle, maule er. Mit der achtjährigen Schwester verstehe er sich sehr gut. Die 15jährige Schwester ist seit einigen Monaten in einem Kinderheim.

Der Vater ist Kraftfahrer. Er sei als Kind eher ruhig gewesen. Er habe bis zur Einschulung tags und nachts eingenäßt und knabbere bis heute mitunter an den Nägeln.

Während der Schwangerschaft habe die Mutter geraucht, »höchstens fünf Zigaretten am Tag«. Steven wurde am Termin, aber untergewichtig mit 2560 g geboren. Er sei ganz blau gewesen und habe nicht gleich geschrien, da sich die Nabelschnur um den Hals geschlungen hatte. Vom dritten bis zum sechsten Lebensjahr besuchte er den Kindergarten. Er sei schüchtern gewesen, habe meist allein gespielt und sei von den anderen Kindern gehänselt und verprügelt worden. Er sei auch da schon unruhig gewesen und habe mittags in einem separaten Raum schlafen müssen, weil er die anderen Kinder störte. Mit sechs Jahren wurde er bettrein. Die Einschulung erfolgte »termingerecht« mit sechs Jahren, obwohl man ihn im Kindergarten als nicht schulreif eingeschätzt hatte. Im Schulbericht der ersten Klasse steht: »Beim Lesenlernen war er am Anfang mit Eifer dabei. Es gelang ihm, sich die ersten Buchstaben und Wörter einzuprägen. Dann aber traten erhebliche Lücken auf, die auch durch den Förderunterricht nicht geschlossen werden konnten.« Steven kannte am Ende des Schuljahres nur wenige Buchstaben. Im zweiten Halbjahr der ersten Klasse habe man ihn »in Ruhe gelassen«, da der Schulpsychologe gesagt habe, er werde sowieso nicht versetzt. Während der Wiederholung der ersten Klasse sei es anfangs gut gegangen. Im Laufe des Schuljahres sei er zunehmend aggressiv gegenüber seinen Klassenkameraden geworden. Nach seiner Versetzung in die zweite Klasse wurde allmählich »alles schlimmer«. Nun wiederholt er die zweite Klasse in der o.g. Beobachtungsklasse und hat damit zum dritten Mal neue Mitschüler und Lehrer. Parallel zu den ersten Konsultationen beim Kinderpsychiater wurde Steven auf Empfehlung des Schulpsychologen in eine Schule für Lernbehinderte versetzt.

Ein Leidensweg, der so nicht hätte sein dürfen! Bei Steven treffen, wie das in solchen Fällen leider häufig ist, mehrere ungünstige Faktoren zusammen. Da ist sowohl eine Disposition von der Mutter zu Nervosität und Überaktivität als auch eine aufgrund der Schwangerschaft und Geburt zu vermutende organische Störung der Hirnfunktion, die durch weitere Untersuchungen bestätigt wurde. Dadurch sind seine kurze Aufmerksamkeitsspanne und Unruhe, die gestörte Feinmotorik (Schreiben, Malen), die herabgesetzte Impulskontrolle und Steuerungsfähigkeit erklärbar. Daß dieses Kind in der Schule völlig versagte und seine Abneigung gegen Leistungsanforderungen immer stärker wurde, daß sein ohnehin geringes Selbstwertgefühl immer mehr verloren ging, ist nicht die zwingende Folge dieser Veranlagung. Schon die Einschulung, so wie sie erfolgt ist, überforderte Steven. Seine anfängliche Freude am Lernen versandete bald in der chronischen Überforderung. Erfolgserlebnisse, die jedes Kind braucht, gab es nicht. Er wurde immer nervöser und unausgeglichener; schließlich entwickelte er sich zum aggressiven Bösewicht, der von allen abgelehnt wurde.

Die Fehler und Versäumnisse von seiten der Schule sind wiederum nur möglich, wenn Eltern sich nicht wehren und der Schule blind vertrauen, weil sie die Alternativen nicht kennen oder sich gegen das, was geschieht, nicht erfolgreich zu wehren verstehen.

> Die **Sonderschule** ist für die Persönlichkeitsentwicklung lernbehinderter Kinder geeigneter als die Regelschule, wo sie durch den Vergleich mit den Lernstärkeren immer Mißerfolgserlebnisse haben. In der Sonderschule können ausgebildete Pädagogen auf die Bedürfnisse der lernbehinderten Kinder besser eingehen und das langsamere Auffassungs-, Denk- und Handlungstempo stärker berücksichtigen; zudem ermöglicht die geringere Zahl an Schülern einen individuellen Unterricht.

Steven befindet sich auch weiterhin in meiner psychotherapeutischen Betreuung. Er kommt mit seiner Schwester und zwei weiteren Kindern jede Woche für eine Stunde zum »Spielen«. Dabei werden mit verteilten Rollen alltägliche Situationen spielerisch gestaltet, danach wird ihr Verhalten beurteilt; eventuell werden die handelnden Personen ausgetauscht, d.h. die Besetzungen verändert. Steven ist gerade dabei, einen der Mitspieler als Freund zu gewinnen. Ich hoffe und wünsche ihm, daß er sich in seine neue Klasse gut einlebt.

Macht also Schule krank? Wenn ja, wodurch? Und ist das individuell beeinflußbar? Bekanntlich gibt es seit Jahrzehnten Reformbestrebungen der unterschiedlichsten Art, andererseits haben alternative Schulformen bisher keine allgemeine Zustimmung gefunden.

Nach meinem Verständnis von Schule und Schulpädagogik muß hier den Kindern etwas angeboten werden, was sie weder in der Familie noch in den Gleichaltrigengruppen noch über die Medien erhalten. Das ist in erster Linie die **systematische Vermittlung von Wissen in einem planmäßigen Unterricht.** Dazu gehört, Denkfähigkeit und Gedächtnis so zu beanspruchen, daß sich die Kinder immer selbständiger Neues aneignen und auch lernen, es zu kategorisieren. Aus der Flut von Informationen sollen die Kinder Wesentliches erkennen, sich Sinnvolles zu eigen machen und angemessene Vorstellungen von der Welt entwickeln. Die Kunst der Pädagogik besteht darin, eine Atmosphäre zu schaffen, in der die Kinder motiviert werden. Wie das am günstigsten erfolgen sollte, ist eine Streitfrage zwischen den verschiedenen Schulsystemen.

Wenn die Schule also in erster Linie ein Ort **geistiger Arbeit** ist, muß ein gewisses Maß an Aufmerksamkeit, an Kommunikationsfähigkeit und an (Selbst-)Disziplin des Kindes als unabdingbare Voraussetzung vorhanden sein. Anderenfalls kann die Schule ihren Ausbildungsauftrag nicht erfüllen. Um diese für das spätere berufliche Leben wichtige **Teilaufgabe der Sozialisation** zu erfüllen, könnte die Dauer der Schulzeit verkürzt werden. Viele berufliche Fähigkeiten und Fertigkeiten sollten begleitend zur Berufsausbildung vermittelt werden. Dann weiß der Jugendliche auch, wozu er es lernt und was er später damit anfangen kann.

> Sehr problematisch ist es, daß die Durchschnittsnote für die gesamtschulische Leistung (Abschlußnote) als Voraussetzung für eine weiterführende Ausbildung herangezogen wird. Begabungen fallen damit unter den Tisch.

So wie einerseits der Lehrer über didaktisch-methodische Fähigkeiten verfügen sollte, ist auf der anderen Seite beim Schüler ein gewisses Maß an Lernwillen erforderlich. Bringt er diesen Lernwillen, der ganz unabhängig vom Lernvermögen ist, nicht mit, ist nicht automatisch die Schule an eventuellen Mißerfolgen schuld. Dafür kann es viele Gründe geben. Ist der Schüler faul und nachlässig, muß er die Konsequenzen tragen. Es geschieht zu oft, daß die Eltern ihr armes, ihrer Meinung nach zu Unrecht schlecht benotetes Kind kritiklos in Schutz nehmen und den Lehrer beschimpfen. Zum heute gern eingeforderten Recht des Kindes, als gleichberechtigter Partner anerkannt zu werden, gehört auch, daß es für sich selbst Verantwortung übernimmt.

Selbst einem erfahrenen Lehrer gelingt es nicht immer, jeden Schüler zum Lernen zu bewegen; er muß sich deshalb nicht als Versager fühlen. Er sollte auch nicht versuchen, Schüler mit krankhaften Störungen selbst zu therapieren.

> Die Schule ist keine therapeutische Institution!

Besteht ein gutes Vertrauensverhältnis zwischen Schüler und Lehrerin, ist sie vielleicht als einzige Person ins Vertrauen gezogen worden, muß sie sehr sorgfältig prüfen, wie dem Kind geholfen werden kann, ohne ihm zu schaden.

Ich halte es aber nicht für gut, die auf Anerkennung beruhende Distanz zwischen Lehrer und Schüler aufzuheben, zu kumpelhaftem Verhalten überzugehen und sich womöglich gegenseitig zu duzen. Die Akzeptanz des Lehrers durch die Schüler ist entscheidend für die Atmosphäre in der Klasse, weil daran Lernbereitschaft und Disziplin geknüpft sind. Sie ist gekoppelt an praktizierte Haltungen wie
- Gerechtigkeit,
- Verständnis,
- Sympathie,
- interessante und engagierte Unterrichtsgestaltung,
- regelmäßige und faire Wissenskontrolle.

Wenn also ein Lehrer angemessen fordert und Wettstreit zuläßt und womöglich noch Humor besitzt, kann Schule sogar Vergnügen bereiten.

Die Gruppe der Gleichaltrigen

Für Kinder gibt es mehrere äußerst unterschiedliche Gruppenbeziehungen. Da ist zum einen die Familie, in der stets ein Gefälle zwischen den Erwachsenen und den Kindern besteht. Ferner sind hier die besonderen Konstellationen bei Geschwistern anzuführen, wo der Altersunterschied eine Rolle spielt. Und schließlich bleiben noch die meist gleichgeschlechtlichen Spiel- und Interessengruppen, zu denen sich Kinder etwa ab dem Schulalter gern zusammenschließen.

Unabhängig davon ist die Schulklasse eine Gruppe von Gleichaltrigen. Auch in den vorschulischen Einrichtungen sind die Kinder oft schon in Gruppen zusammengefaßt, hier und in der Schule aber stets unter der Regie von Erwachsenen.

Wir wollen zunächst den wechselseitigen Einfluß von Gleichaltrigen betrachten, wie er im Alter zwischen sechs und zwölf Jahren zu beobachten ist. Neben der Familie spielen die Gruppen etwa gleich reifer und erfahrener Kinder eine sehr wichtige Rolle für die Entwicklung. Nach Meinung der Kinder stehen im Umgang mit Gleichaltrigen das gemeinsame Spiel, das Teilen und die gegenseitige Unterstützung oder auch Rivalität im Vordergrund. Sicher gehen auch Verhaltensmuster ein, welche die Kinder schon in der Familie erworben haben. Doch da hier relativ Gleichgestellte miteinander kommunizieren, gelten eigene, gruppenspezifische Verhaltensregeln und Werte. Es gibt Rituale, Ehrenkodizes, Entscheidungsprozeduren und Tabus.

Um diese Beziehungen eigenständig aushandeln können, müssen die Gruppenmitglieder bereits eine Entwicklungsstufe haben, auf der sie der ständigen Fürsorge und Kontrolle der Eltern oder anderer Erwachsener nicht mehr bedürfen. Das ist etwa mit dem Schuleintritt der Fall. Dafür ist eine sichere Eltern-Kind-Bindung in der früheren Kindheit eine wichtige Voraussetzung, denn auch jetzt bleiben die Eltern als Ratgeber, Tröster und wichtige Bindeglieder zur Gesellschaft von Bedeutung. Die Kunst der Eltern besteht darin, einerseits Unterstützung zu geben, andererseits aber der zunehmenden Selbständigkeit ihrer Kinder Anerkennung zu zeigen.

In der Gruppe der Gleichaltrigen können sich gegenseitiges Verständnis und Kooperation besser als in der Familie entwickeln. Kritik durch Gleichaltrige wird meist eher akzeptiert als Vorhaltungen durch »die Greise«. Will man dazu gehören, muß man sich den Normen fügen und kann nicht bei jeder Gelegenheit ausflippen und losschlagen. Kompetentere Gleichaltrige dienen den Kindern als Modell, von denen sie nützliche **Verhaltensstrategien** lernen: Führt ein Verhalten zum Erfolg, wird es wiederholt (positive Bekräftigung); weniger erfolgreiches wird künftig unterlassen. Damit erweitern sich die sozialen Kompetenzen, das Kind wird selbstsicherer und weniger abhängig von der Bewertung durch seine erwachsenen Bezugspersonen.

Ich will nicht verhehlen, daß sich unter ungünstigen Bedingungen auch **negative Gruppennormen** entwickeln können. Wenn die Altersunterschiede größer sind, kommt es mitunter zu ungesunden Abhängigkeiten, die durch Machtausübung und Unterwerfung gekennzeichnet sind. Dies kann im Extremfall sogar zu Straftaten führen.

Normalerweise sprechen Kinder über Themen, die Spaß machen oder wichtig sind und die Erwachsene nicht ernstnehmen, meiden oder sogar verbieten. Sie hecken Streiche aus, tauschen »wichtige« Erlebnisse aus, amüsieren sich über Witze, ziehen über andere Kinder oder Erwachsene her, entdecken Gefühle zum anderen Geschlecht, besprechen Tabu-Themen.

Die Erfahrungen aus den Spielgruppen, in denen sich die Kinder nachmittags, an Wochenenden oder in den Ferien zusammenfinden, werden sicher auf ähnliche Weise in den Schulklassen gemacht. Auch da ist viel Dynamik. Und ob ein Kind gern oder ungern zur Schule geht, liegt mitunter an diesen Gruppenbeziehungen. Es bestehen ferner erstaunlich gut funktionierende Regulative gegenüber den Lehrern; Schüler bekunden Solidarität, wenn etwas ihrem Rechtsempfinden nicht entspricht. Sie »erziehen« aggressive oder großspurige Gruppenmitglieder. Oft schließt sich ein Teil der Kinder einer Klasse zu Spielgemeinschaften zusammen, in die auch zwanglos weitere Kinder aufgenommen werden. Es kommt aber auch vor, daß kleine Gruppen innerhalb der Klasse negativ dominieren, den anderen ihre Regeln aufzuzwingen versuchen und gewalttätig werden.

Eine Gefahr der heutigen Zeit liegt darin, daß Kindern nicht mehr genügend Freiraum zur Verfügung steht, um sich als eigenständige soziale Welt zu entwickeln. Die Erwachsenenwelt dominiert in hohem Maße. Das hängt mit der Kommerzialisierung und Rationalisierung unseres Lebens und des Lebens unserer Kinder zusammen.

Kinder werden von ihren Eltern gezielt in Musik-, Sport- oder sonstige Bildungseinrichtungen geschickt. Ihre Zeit ist minutiös verplant, so daß sie kaum mehr dazu kommen, spontan mit anderen Kindern zu spielen. Dies geschieht wohlgemerkt in der guten Absicht, dem Kind rechtzeitig eine gute Basis für seine spätere Laufbahn zu ermöglichen.

> Viele Eltern meinen auch, in unbeaufsichtigten Kindergruppen spielen nur wenig behütete Kinder. Sie nehmen die Freizeitplanung ihrer Kinder selbst in die Hand oder begleiten sie persönlich überall hin, so daß dem Kind kein Freiraum für eigene Entscheidungen bleibt.

Hinzu kommt der Einfluß einer geschickten Werbung, die in den Kinderprogrammen der Medien gezielt eingeblendet wird. Hier werden kindliche Neigungen und Wertvorstellungen so manipuliert, daß immer neue Trends bei Computerspielen, Kleidung, Sport, Spielsachen usw. im Denken der Kinder und der Gruppe eine dominierende Rolle einnehmen und Wünsche und Verhaltensformen zwingend beeinflussen.

Gruppen aus Gleichaltrigen bleiben oft über Jahre zusammen. Manchmal sind es aber auch lose Gruppen, deren Mitglieder zu zweit oder zu dritt spielen, je nach Spielinteressen in wechselnder Besetzung. Das hängt auch davon ab, ob es entsprechende Räume gibt, in denen mehrere Kinder bequem spielen können. Bei Mädchen dominiert ohnehin diese Variante, oder es schließen zwei Mädchen eine engere Freundschaft.

Die Dynamik in den Gruppen richtet sich vor allem nach dem Alter der Mitglieder. Daß man akzeptiert wird, hängt von mehreren Faktoren ab: der äußeren Erscheinung, der körperlichen Gewandtheit, der Intelligenz und der Leistung für die Gruppe. Es hat sich gezeigt, daß diejenigen beliebt sind, welche die Bedürfnisse und Gefühle anderer erkennen und darauf eingehen. Sie können für ein gutes Klima in der Gruppe sorgen.

Daneben gibt es abgelehnte oder vernachlässigte Gruppenmitglieder, die meist durch ihr Verhalten auffallen. Sie sind beispielsweise rechthaberisch, zänkisch, angeberisch oder unberechenbar und aggressiv. Als **Vernachlässigte** bezeichnet man Kinder, die von der Gruppe »übersehen« oder ausgegrenzt werden, z.B. schüchterne, »langweilige« und durch körperliche oder geistige Handicaps benachteiligte. Es kommt auch vor, daß eine Gruppe mehrere beliebte Kinder hat, die untereinander Rivalen sind. Häufiger aber sind sie miteinander in engerem Kontakt oder sogar befreundet. Die abgelehnten und vernachlässigten Kinder bilden dagegen kaum jemals eine gemeinsame Gruppe. Sie haben generell weniger Spielgefährten, und wenn doch, sind es meist ebenfalls abgelehnte oder ungleichaltrige. Ihre geringeren Kontakte verhindern, daß sie ein altersgemäßes soziales Verhalten erlernen. So sehr Eltern betroffen sind, wenn ihr Kind ausgeschlossen wird, direkt beeinflussen können sie es nicht. Es würde dem Ansehen des Kindes eher schaden als nützen, wenn sie versuchen würden, sich klärend oder gar korrigierend einzumischen. Trotzdem sollte man versuchen, Gründe für eine Ablehnung in der Gruppe zu finden; um so leichter läßt sich dann dem Kind helfen, durch Änderung seines Verhaltens oder äußerer Ursachen sein Ansehen zu heben. Vielleicht wird das Kind verlacht, weil es noch in der vierten Klasse zur Schule gebracht wird oder weil es gleich losheult, wenn es von einem anderen geneckt wird. Vielleicht hat sich das Kind selbst isoliert, weil es andere wiederholt verpetzt hat. Oder es versucht sich bei den Lehrern einzuschmeicheln, ist überehrgeizig und rechthaberisch. Es gibt gelegentlich auch Konstellationen, daß ein Kind unverschuldet vorübergehend ins Abseits gerät. Auch unter Kindern kann Mobbing vorkommen, z.B. verursacht durch ein einzelnes intrigantes, geltungssüchtiges Kind. Da das aber eher selten ist, sollten Eltern nicht von vornherein die Schuld bei den anderen suchen. Sie helfen Ihrem Kind mehr, wenn sie, vielleicht auch unterstützt durch Beobachtungen erfahrener Pädagogen, den wahren Grund herausfinden. Die Vorstellung, ein Schulwechsel oder sogar ein Umzug in eine neue Umgebung müßte diese Probleme lösen, erweist sich oft als Irrtum, eben weil bestimmte Verhaltensmuster des Kindes auch in der neuen Gruppe abgelehnt werden.

Man hört in den letzten Jahren oft den Begriff **Peer**. Nicht jeder Gleichaltrige ist ein Peer, sondern nur derjenige, der als Spielpartner akzeptiert wird. Die Mitglieder einer Peer-Gruppe verfolgen gemeinsame Interessen und beeinflussen sich wechselseitig sehr stark.

Freundschaft schließt sich gegenüber diesen Gleichaltrigenbeziehungen nicht aus, sondern ergänzt sie. Freundschaft ist mehr auf die Person gerichtet. Während jüngere Kinder noch alle, mit denen sie vergnügt spielen und auch teilen, als ihre Freunde bezeichnen, unterscheiden sie später zunehmend die Beziehungen nach ihrer Qualität. Zur Freundschaft gehören Vertrauen und Unterstützung. Es muß Gegenseitigkeit bestehen. Das schließt Konkurrenz nicht aus. Konflikte können sich unter Freunden sogar heftiger äußern als unter Bekannten. Peerbeziehungen sind auch keine Vorstufe zur Freundschaft, sie können aber ebenfalls dauerhaft sein, besonders bei gleicher Interessenlage auf einem bestimmten Gebiet.

Werden Kinder von ihren Peers oder gar Freunden getrennt, wird der Verlust oft ebenso einschneidend empfunden wie bei einem nahestehenden Verwandten. Das sollte man besonders in der späteren Kindheit bedenken, ehe man sich spontan zu einem Ortswechsel entschließt.

Ich hatte wiederholt ältere Schulkinder in meiner Behandlung, die unter einem solchen Umzug sehr litten. Oft sind in einer neuen Umgebung die Beziehungen der Gleichaltrigen festgefügt. Kinder, die für eine engere Bindung in Betracht kämen, sind bereits gebunden, und so können je nach Temperament depressive Verstimmungen mit einem Gefühl der Einsamkeit abwechseln. Bisweilen kommt es auch zu schweren Konkurrenzkämpfen, die bei Mißlingen zu Selbstwertproblemen führen können.

So wichtig die Gleichaltrigen-Gruppen für die Entwicklung der Kinder sind, bergen sie doch Gefahren, die ich nicht verschweigen will. Für manche Eltern liegt darin der Grund, ihren Kindern solche Kontakte zu untersagen. Gruppen haben eine eigene Dynamik, die natürlich von einigen dominierenden Mitgliedern bestimmt wird. Daher ist es wichtig, daß solche Gruppen tatsächlich aus »Gleichen« bestehen. Findet ein zwölfjähriges Mädchen Aufnahme in eine Gruppe von vierzehn- bis sechzehnjährigen, kann das problematisch werden, weil ganz andere Interessen in bezug auf abendliche Unternehmungen oder Partnerschaften bestehen. Gerät ein Kind in eine Gruppe, deren Wertsystem sich von den Normen der Allgemeinheit abhebt, kann es – wie oben schon erwähnt – schnell in einen unheilvollen Sog geraten. Das ist aber abhängig davon,

- wie groß das Bedürfnis des Kindes nach Anerkennung durch die Gruppe ist,
- welche Wertnormen es selbst hat,
- ob es die Geborgenheit sucht, die ihm die Gruppe vermittelt,
- wie stabil es in seiner Persönlichkeit ist und
- wie gut und tragfähig die familiären Bindungen sind.

Vertrauen ist ganz wesentlich für Entwicklung des Kindes zu einem selbstbewußten, urteilsfähigen Menschen.

Vertrauen muß aber in einem wechselseitigen Prozeß entstanden und in den verschiedenen Entwicklungsstufen geprüft und gerechtfertigt worden sein. In einer harmonischen Familie können dann Eltern ihre Kinder auch ohne große Furcht (ein bißchen darf man haben) an eine immer längere Leine lassen.

Ist ein Kind in einer Gruppe zu Handlungen verführt worden, die ihm schaden, seien es Diebstähle, »Mutproben« mit Autos, Kontakte mit Drogen usw., kann man es nicht mehr dem Kind oder Jugendlichen selbst überlassen, wieder Boden unter die Füße zu bekommen. Dann muß rasch und konsequent gehandelt werden, um den oft starken Einfluß einer solchen Gruppe oder einzelner Mitglieder auszuschalten. Andererseits kann man heranwachsende junge Menschen nicht von vornherein isolieren, um sie vor möglichen Gefährdungen zu schützen.

Der Einfluß der Medien

Ein Medium ist nichts weiter als ein Mittler. Die technischen Medien sind Kommunikationsmittel, mit denen man eine große Anzahl von Menschen erreichen kann – bis hinein in ihre Wohnzimmer. Die Medientechnik an sich ist neutral, aber durch sie werden Informationen, Botschaften, Haltungen und Trends vermittelt. Die Medien sind ein unverzichtbarer Teil unserer Umwelt geworden. Was sie täglich an uns herantragen, beeinflußt und formt unser Denken und Handeln, auch wenn wir uns dessen nicht immer bewußt sind oder es nicht wahr haben wollen. Das Verhältnis des Einzelnen zur Gesellschaft, sein soziales Verhalten, wird in zunehmendem Maße von den Massenmedien geprägt. Wie weit sich diese Beeinflussung positiv oder negativ auswirkt, ist immer noch eine strittige Frage.

Wenn wir von Massenmedien sprechen, denken wir an erster Stelle an das **Fernsehen,** vielleicht auch an den **Videomarkt.** Deren Produktionen üben auf Jugendliche (und nicht nur auf diese) eine besondere Faszination aus, weil sie Auge und Ohr gleichermaßen ansprechen und durch ihre – oft auch nur scheinbare – Wirklichkeitsnähe den Erlebnisbereich des einzelnen erweitern. Beim Fernsehen sitzt man, wie es so schön heißt, »in der ersten Reihe«, nimmt man an einem Open-Air-Konzert, einem Länderspiel oder einer Katastrophe gewissermaßen persönlich teil. Daß der Blickwinkel durch die Berichterstattung vorgegeben ist, wird den wenigsten bewußt. Auch fiktive Lebenssituationen und Problemlösungen in Fernsehspielen und Filmen werden leicht als Realität akzeptiert. Die so gewonnenen »Erfahrungswerte« und »Erlebnisdimensionen« werden den eigenen realen Erfahrungen zugeordnet, mit ihnen konfrontiert oder verschmolzen. Sie formen in der Konsequenz den eigenen Lebensstil, eigene Ansichten, Haltungen und Verhaltensweisen. Das ist besonders bei Kindern und Heranwachsenden der Fall, deren Erfahrungen noch begrenzt sind.

Auch die **akustischen Medien** (Radio, Schallplatten, Kassetten und CDs) spielen besonders für Jugendliche eine wichtige Rolle. Sie vermitteln nicht nur Musik, sondern ein Lebensgefühl, das wiederum Auswirkungen auf das persönliche Verhalten in der alltäglichen Umgebung hat.

Die **Printmedien** sind in Form von Zeitungen, Zeitschriften und Comics wirksam, währenddessen Bücher bei Jugendlichen immer weniger gefragt sind und immer mehr an Einfluß verlieren.

Kino und **Theater** dürften sowohl zahlenmäßig als auch in ihrer Wirksamkeit auf den einzelnen von eher geringerer Bedeutung sein, wenn auch gerade die Kinos in den letzten Jahren wieder einen größeren Zulauf haben.

Nennen möchte ich aber noch die **Medien-Verbünde,** die immer gezielter in alle Bereiche des Lebens hineinwuchern. Ein Beispiel sind die »Dinos«, die nicht nur im Film und in Fernsehserien, sondern auch als Puzzle, Plüschtier, Steckbaukasten, Button, Poster oder T-Shirt-Aufdruck das Denken und Fühlen vieler Kinder wesentlich beeinflussen.

Und schließlich hat auch der **Computer** in den letzten Jahren nicht nur die Arbeitswelt, sondern – vor allem mit seinen interaktiven Spielen – auch die Kinderzimmer erobert.

Da also die Massenmedien aus dem Leben der heutigen Gesellschaft nicht mehr wegzudenken sind, sollten wir sie nutzen, ohne jedoch die Gefahren zu unterschätzen, die besonders für Heranwachsende bestehen. Das ist leichter gesagt als getan, denn die Auffassungen über Nutzen und Schaden der Medien und ihrer Auswirkung gehen sehr weit auseinander.

Fallbeispiel Eine Kollegin kam zu mir, um mich um Rat zu fragen. Ihr Sohn Rolf ist zehn Jahre alt. Ich kannte ihn vom Sehen. Er ist ein eher schmächtiger Junge, trägt schon länger eine Brille und macht einen geistig beweglichen Eindruck. Die Kollegin meinte, er habe sich in letzter Zeit sehr verändert. Früher sei er aus der Schule heimgekommen und habe immer etwas zu berichten gehabt: über eine Mitschülerin, die in der Mathearbeit eine 5 bekommen hätte, oder von dem jungen Lehrer, den die Mädchen mit der Frage, ob er eine Freundin habe, in Verlegenheit gebracht hätten. Rolf habe früher auch gern mit der Familie Rommé und mit dem Vater Schach gespielt. Auch die Wochenenden verbrachte er gern gemeinsam mit den Eltern.

Das sei nun alles anders geworden. Er teilt sich seinen Eltern kaum noch mit, antwortet nur schroff und unwirsch auf Nachfragen, hat kein Interesse an Gesellschaftsspielen mehr und will auch am Wochenende am liebsten zu Hause bleiben, um mit seinem Computer zu spielen.

Nachdem er bei einem Schulfreund PC-Spiele kennengelernt hatte, bettelte er solange, bis der Vater sich einen heimlichen Wunsch erfüllte und einen Computer anschaffte. Für den Sohn brachte er gleich die gewünschte Spielsoftware mit. Seitdem hätte Rolf schon »viereckige« Augen gekriegt, weil er jede freie Minute vor dem Ding sitzt und damit fast perfekter umgehen kann als der Vater. Sein Taschengeld spare er, bis er sich ein neues

Spiel kaufen kann, am liebsten ein Kampfspiel, wo man mit einiger Geschicklichkeit die Bösen beseitigen und sich als Sieger fühlen kann.

Sie habe den Eindruck, sagte die Kollegin, daß Rolf damit Mißerfolge im Sportunterricht oder bei Auseinandersetzungen mit stärkeren Mitschülern kompensiere. Da traktiere er manchmal so verbissen den Computer, daß man ihn überhaupt nicht ansprechen dürfe. Andererseits arbeite er, wenn er ausgeglichen ist, auch mit Textprogramm und Rechner (z.B. Schularbeiten) und freue sich, wenn er neue Möglichkeiten der Bearbeitung erfolgreich ausprobiert hat. Aber den vertraulichen Plaudereien im Familienkreis entziehe er sich immer stärker, und emotionale Reaktionen bei traurigen oder freudigen Anlässen zeige er so gut wie gar nicht mehr. Es hat sich eine gewisse Fremdheit zwischen ihm und den Menschen seiner Umgebung eingestellt. Seine Leistungen in der Schule hätten sich jedoch noch weiter verbessert.

Welchen Rat sollte ich der Kollegin geben? Die Entwicklung ist noch zu neu, um gültige Schlußfolgerungen ziehen und positive und negative Wirkungen gegeneinander abwägen zu können. Wir haben uns in kurzer Zeit zu einer **Computergesellschaft** entwickelt. Kinder haben von dieser faszinierenden Technik oft schneller Besitz ergriffen als ihre Eltern. Sie spielen mit dem Computer und erledigen zunehmend die Hausaufgaben für die Schule damit. Manche finden Gefallen am Spiel mit Farben und Formen, an Präsentationssequenzen, an Klangbearbeitungen, am Schachspiel mit dem Computer. Kinder erlernen den Umgang mit ihm schnell, weil er strengen logischen Regeln folgt. Zweifellos fördert der Computer das logische Denkvermögen. Er ist auch bezüglich der Gedächtnisleistungen dem Menschen überlegen. Und er läßt sich nicht durch Gefühle in seinen Schlußfolgerungen irritieren. Er ist aus dem Geschäftsleben und der Arbeitswelt nicht mehr wegzudenken. Viele segensreiche diagnostische Maßnahmen in der Medizin sind auf der Grundlage der Computertechnik entwickelt worden. Der Computer unterstützt und variiert viele Therapien, z.B. bei der Gedächtnisschulung.

Aber ist der Computer für die Entwicklung unserer Kinder nicht auch gefährlich?

Kinder, die viel Zeit vor dem Computer verbringen, werden weniger mit dem wirklichen Leben konfrontiert, mit den täglichen Erfahrungen im Umgang mit Spielgefährten. Eigenes Verhalten kann sich weniger im menschlichen Miteinander entwickeln, es reduziert sich im Extremfall auf logische Formeln.

An die Stelle der realen Welt mit ihrer Vielfalt an Eindrücken, Gefühlsreaktionen, nicht vorausschaubaren Zufällen und der so entstehenden Erfahrung und Menschenkenntnis rückt eine Scheinwelt, in der alles mit logischen Regeln machbar ist.

Beherrscht man diese Regeln, ist man Sieger, ist mächtig, kann bestimmen, wird von niemand kritisiert. Am Computer – und allmählich nur noch dort – ist man sicher, während man im realen Leben immer unsicherer wird und den Umgang mit Menschen meidet. Das führt unweigerlich zu sozialer Isolierung, zu der ja schon ohne diese Technik Tendenzen bestehen. Das menschliche Miteinander bleibt immer mehr auf der Strecke und auch die Begriffswelt verarmt, weil sie in der Datentechnik auf rein Meßbares reduziert wird.

Als Folge der extensiven Beschäftigung mit dem Computer kann der Realitätsbezug der Jugendlichen kleiner werden, das reale Leben mit seinem »Durcheinander« wird zunehmend abgelehnt. Man fühlt sich in der rationalen Welt wohler, sie gibt auch mehr Sicherheit. Das Denken folgt formalen Regeln ohne Berücksichtigung der vielen Varianten durch Gefühle, Irrtümer, Schwächen. Auch die Sprache wird von diesen Jugendlichen verkürzt, Gefühle erscheinen nicht mehr differenziert und verkümmern. Die Jugendlichen entwickeln stereotype Verhaltensmuster, die Vielfalt von Verhalten, die im täglichen Umgang mit anderen Menschen erworben wird, geht verloren oder wird, wenn Kinder sehr frühzeitig ihre gesamte Freizeit am Computer verbringen, gar nicht erst entwickelt. Das, was man als Handlungswissen im Unterschied zum Sachwissen bezeichnet, wird schwerer erworben, weil jede Computerdarstellung abstrakt und damit realitätsfremd ist. Dadurch wird das eigene Können überschätzt.

Ein treffendes Beispiel ist, daß es inzwischen Computer-Tennis gibt, bei dem tatsächlich Sieger ist, wer am Bildschirm besser reagiert. Ist das nicht eine ungesunde Entwicklung, in der allmählich unser Körper, unsere Sinne und Empfindungen verkümmern werden?

Was den Einfluß betrifft, den die Inhalte von Computerspielen ausüben, so gilt dasselbe wie für Fernsehfilme. Es geht überwiegend um Kampf und Vernichtung anderer Existenzen, hier noch zusätzlich mit dem Gefühl, der »Macher« zu sein. Zwar sind gewaltverherrlichende, faschistische sowie pornographische Computerspiele verboten, aber der ungeheuer profitable Vertrieb dieser Spiele ist nicht zu kontrollieren.

> Deshalb Vorsicht: Brutalität wird oft als eine Möglichkeit gesehen, ein bestimmtes Ziel durchzusetzen, und aus diesem Grund von den Jugendlichen in ihr Verhaltensrepertoire aufgenommen.

Neben den psychischen Fehlentwicklungen, die möglicherweise später nicht mehr korrigierbar sind, entstehen durch stundenlange tägliche Computerspiele – mehr noch als durch das Fernsehen – körperliche Beeinträchtigungen wie Nervosität, Schlaf-, Konzentrationsstörungen und Ticerscheinungen.

Da das Spiel für die Entwicklung und Selbstfindung der Kinder wichtig ist, bestimmen auch diese Spiele mit, wie die Kinder heute und ihr Leben lang miteinander umzugehen in der Lage sind.

Es hat jedoch erfahrungsgemäß keinen Zweck, einem »computerbesessenen« Kind den Umgang mit seinem Lieblingsspielzeug zu verbieten. Es wird dann andere Wege suchen und finden. Sinnvoller ist es, seine Kreativität herauszufordern. Lassen Sie Ihr Kind eigene Ideen finden und verwirklichen, die es dann anderen mitteilen und dadurch wieder menschliche Kontakte aktivieren kann.

Vielleicht läßt sich dann im Einverständnis ein »computerfreier« Tag in der Woche einführen und Interesse für eine – vielleicht sogar ungewöhnliche – Sportart wecken, deren Ergebnisse u.U. auch am Computer ausgewertet werden können. Auf jeden Fall sollte man einfühlsam einen Weg miteinander und nicht gegeneinander suchen.

Ähnliche Probleme und Verhaltensauffälligkeiten werden bei Kindern beobachtet, die ständig vor dem Fernsehapparat sitzen. Auch dafür (bzw. dagegen) existieren noch keine fertigen und erfolgversprechenden Rezepte, dafür gibt es sehr verschiedene, ja gegensätzliche Einschätzungen über Schaden und Nutzen für die Verhaltensentwicklung des Kindes.

Unser ganzes Leben hat sich in den letzten 30 Jahren durch das Fernsehen verändert. Während früher die Abende Gelegenheit boten, im Familien- oder Freundeskreis zusammenzukommen, sich miteinander zu unterhalten, an Karten- oder Brettspielen Spaß zu haben, zu musizieren, zu lesen, Radio zu hören, etwas zu basteln und vieles andere mehr, verbringen heute viele Familien ihre Freizeit vor dem Fernsehapparat. Sie konsumieren an einem Abend – neben diversen Süßigkeiten und alkoholischen Getränken – eine höchst bunte Mischung aus zahlreichen Programmangeboten, ohne in irgendeiner Weise aktiv oder gar kreativ werden zu müssen. Man ist in jeder Beziehung Konsument. Man erwartet, daß man für seine Fernsehgebühren etwas Besonderes vorgesetzt bekommt. Doch was bekommt man wirklich, was bleibt als Bereicherung, als Gewinn an Information, Wissen oder kultureller Bildung?

Alle Massenmedien erreichen ihre gesellschaftliche Akzeptanz durch zwei Programmsäulen: **Information** (Politik, Wetter, Sport, Gesundheit, Länder und Menschen, Natur und Tiere, Talkrunden u.v.m.) und **Unterhaltung** (Musik, Theater, Varieté, Shows, Gewinnspiele und vor allem Spielfilme). Manche Medien-Macher versuchen, Elemente aus Information und Unterhaltung zu verbinden, um sowohl das eine wie das andere Publikum zu locken. Die Anteile und Schwerpunkte sind bei den einzelnen Sendern und Programmanbietern verschieden, ebenso wie die Machart und die Auswahl der Inhalte und Tendenzen.

Informationssendungen geben sich in der Regel objektiv, sind es aber selten, weil wir am Bildschirm niemals alles sehen, sondern natürlich nur das, was die für die Sendung Verantwortlichen ausgewählt haben. Für sie stellt sich schon bei der Aufnahme, bei der Nachbearbeitung oder bei der Kommentarformulierung das Problem, die

DAS KIND IN SEINER UMGEBUNG   59

Erwartungen ihres Auftraggebers angemessen zu berücksichtigen. Wir vor dem Bildschirm aber haben das Gefühl, wir sind »dabei gewesen« und damit auch zu einem persönlichen Urteil berechtigt und befähigt. Also richten wir unser Verhalten danach aus.

Im Unterschied dazu entführen **Unterhaltungssendungen** und -filme – von Ausnahmen abgesehen – den Zuschauer in Scheinwelten, in denen die Menschen keine echten Sorgen kennen, immer nur lächeln und manchmal ein Auto oder eine Traumreise gewinnen. Hier wird Liebe mehr oder weniger auf Sex reduziert, werden die meist durchsichtig konstruierten zwischenmenschlichen Probleme »ganz natürlich« mit brutaler Gewalt gelöst – wie wir es von vielen Thrillern, Western, Action-Krimis, Phantasy-, Horror- oder Science-fiction-Produktionen kennen.

Das Erstaunliche daran ist die Tatsache, daß der Zuschauer sich mit den handelnden Personen identifiziert, obwohl er weiß, daß alles nur gespielt ist. Er jubelt und leidet mit seinen »Lieblingen«, erlebt die Scheinwelt als Realität und fügt sie teilweise seinem Erfahrungsschatz ein. Je nach Reife und Lebenserfahrung werden solche Verhaltensmuster kopiert oder zumindest ins eigene Verhaltensrepertoire übernommen.

Zweifellos kann Fernsehen zur Allgemeinbildung beitragen. Es beeinflußt, verändert und formt Einstellungen, Meinungen und Urteile und damit unser gesamtes Verhalten. In welchem Maße das geschieht, hängt von der Reife und Stabilität einer Persönlichkeit ab, also auch vom Alter und der Entwicklung.

Hat ein Mensch eigene Erfahrungen, z.B. mit der Vielschichtigkeit einer Liebesbeziehung, wird er die sehr verkürzt, oft primitiv dargestellte »Liebe« in einem Fernsehfilm nicht als die Norm annehmen. Genau das kann aber bei einem Heranwachsenden passieren, wenn er zum Klischee »aus der Röhre« keine Alternativen hat. Für Kinder und Jugendliche, die sich noch stärker als Erwachsene im Prozeß der Entwicklung befinden, sind prägende Einflüsse durch die Medien unvermeidlich. Sie sind aber keine unabhängige Größe, sondern stehen wie alle Einwirkungen auf den Menschen in Beziehung zu den anderen Einflußfaktoren, wie Familie, Gruppe der Gleichaltrigen und Freunde, Kindergarten und Schule, später Arbeits- und Freizeitwelt und natürlich auch persönliche Veranlagung.

Wie weit der einzelne unter dem Einfluß der Medien steht, wurde schon mehrfach untersucht. Zusammenfassend läßt sich wohl folgendes sagen:

■ Haben Kinder und Jugendliche ihre Erfahrungswelt mit der Familie und mit den Gleichaltrigen und wird das Fernsehen nicht übertrieben, dann nutzen sie das Gesehene und Gehörte z.B. als Anregung zum Spielen; sie verwenden Inhalte für ihren Alltag. Dabei filtern sie, identifizieren sich mit dem einen, finden etwas anderes »blöd« und lehnen es ab. Sie entwickeln **Kompetenz** im Umgang mit den Medien. Sie speichern Medienbilder, auch wenn sie in keinem Zusammenhang mit ihrer

Realität stehen; sie werden zum Bestandteil ihrer Weltsicht, ohne nachgeahmt zu werden.
- Mitunter sind aber Fernseh- und Familienalltag verwoben; auch die Familien nutzen **Fernsehen zur Lebensbewältigung.** Das Fernsehen ist der äußere Rahmen, der die Familie zusammenhält. Man findet sich allabendlich vor dem Fernsehapparat, alle erhalten die gleiche Botschaft, es wird zusammen gelacht, gebangt, Daumen gedrückt, aber auch geschimpft und geweint. Das Kind sieht nicht nur Menschen auf dem Bildschirm, die sein Verhalten mitformen, sondern auch die Reaktionen der Eltern, die dann imitiert oder auch abgelehnt werden.
- Fernsehen schafft **Gesprächsthemen:** »Habt ihr gestern abend … gesehen?«, aber manchmal auch **pädagogische Probleme:** »Uwe durfte gestern abend bis zum Ende der Sendung aufbleiben, seine Eltern sind nicht so gemein wie ihr!« Aber es besteht auch die Gefahr, daß die Bildung der Urteilsfähigkeit, des Geschmacks, des Differenzierungsvermögens nivelliert wird, weil im Programmangebot sowohl von den Inhalten, der Sprache, den Gefühlen als auch von der künstlerischen Umsetzung das Mittelmaß überwiegt.
- Untersuchungen haben ergeben, daß **Gewaltdarstellungen** nur dann nachgeahmt werden, wenn Beispiele im Fernsehen mit Alltagserfahrungen und eigenen Handlungsstrukturen übereinstimmen, wenn also z.B. Jugendliche auch zu Hause Gewalt erleben oder keine Regeln zur Beherrschung aggressiver Impulse gelernt haben. Gerade bezüglich der Gewalt in den Medien gibt es mehrere, sich geradezu widersprechende Hypothesen. Während z.B. die eine davon ausgeht, daß Gewalt direkt zur Nachahmung anregt, also imitiert wird, besagt eine andere, daß das Betrachten von Gewalt zur Abreaktion eigener aggressiver Impulse dienen kann. Eine weitere Hypothese meint, daß die ständige Konfrontation mit Gewalt zur Gewöhnung, zur Abstumpfung, führt.
- Der **Einfluß der Massenmedien,** vor allem der des Fernsehens, hängt natürlich von ihrer Beziehung zu den weiteren sozialen Faktoren ab, insbesondere dem Elternhaus. Allerdings sollte man selbst bei stabilen sozialen Verhältnissen eines Kindes die Macht der Medien nicht unterschätzen. Während Eltern aus Liebe und Pflichtgefühl ihr möglichstes für ihre Kinder tun (man nennt dies ein altruistisches Motiv), gibt es bei den Massenmedien Interessengruppen mit rein egoistischen Motiven. Es handelt sich hier um ein raffiniert ausgeklügeltes System, um die Menschen geschickt zu manipulieren. Das wird vor Wahlen besonders deutlich, wenn z.B. ein und dieselbe Persönlichkeit von den einen als sympathischer, tier- und kinderliebender Mensch ohne Fehl und Tadel mit geradezu »liebenswerten« kleinen Schwächen dargestellt wird, während er für die anderen fast ausschließlich aus Charakterfehlern und Fehlleistungen besteht. Bekanntlich hat jedes Ding immer zwei Seiten; man kann sich auf eine beschränken, ohne dabei of-

fensichtlich zu lügen. Viele Zeitungen berichten von abnormalen Ereignissen, die als »sensationell« auf der Titelseite herausgestellt werden. Wichtig ist dabei nur die Erhöhung des Umsatzes. Für die Kinder und Jugendlichen stellt sich so die Welt als Ansammlung von Unglücken und Grausamkeiten dar. (Normalität ist ohnehin nicht erwähnens- und darstellenswert.) Hier können Gespräche im Familienkreis einer Relativierung und Orientierung dienen.

- Ein geradezu klassisches Beispiel für **Manipulation** ist die Werbung, deren Wirkung auf die jeweiligen Adressaten genauestens berechnet ist. Da eine direkte Beziehung zwischen der Anzahl der Zuschauer mit ihren Wünschen und dem Verkauf der Produkte und damit den Gewinnen der Hersteller (welche die Werbung bezahlen) besteht, wird Werbung an Programme mit hoher Einschaltquote gekoppelt. Das Fernsehen und alle anderen Massenmedien bedienen also weitgehend den Geschmack der Mehrheit (um verkauft zu werden).

- Ob und wie sich durchaus vorhandene Bemühungen durchsetzen werden, über die Massenmedien vermehrt Bildung, Menschlichkeit, Kultur und Toleranz zu vermitteln, kann z.Z. niemand beantworten, doch scheinen die Chancen dafür nicht sehr groß. Trotzdem sind die Medien ein fester Bestandteil unserer technisierten Welt geworden, der in alle Lebensbereiche hineinreicht. Man kann ihn zwar ablehnen, aber nicht mehr ignorieren. Betrachtet man die technische und gesellschaftliche Entwicklung der letzten Jahre, kann und muß man damit rechnen, daß die Medien noch weiter an Bedeutung gewinnen. Sie werden das Leben jedes einzelnen Menschen und damit seine Maßstäbe und sein Verhalten in der Gesellschaft prägen.

Schwierigkeiten, die jeder bemerkt

Das überaktive Kind

Fallbeispiel Jessica, ein blondes sehr schlankes Mädchen, wird mir von der Mutter vorgestellt, weil es zunehmend Ärger mit der neuen Klassenlehrerin gibt. Sie krittele ständig an Jessica herum. Jeden Tag schreibe sie etwas ins Mitteilungsheft und erwarte von den Eltern, daß sie »etwas tun«. Oft habe das Mädchen irgend etwas vergessen, mal schwatze sie laut und stehe vom Platz auf, dann träume sie wieder und wisse nicht, was gerade besprochen wurde. Jessica ist jetzt in der vierten Klasse. Sie hat mehrere Schulfreundinnen und ist allgemein beliebt. Auch mit der bisherigen Lehrerin sei sie klargekommen. Seit einigen Wochen hätte eine andere Lehrerin die Klasse übernommen, und Jessica gehe gar nicht mehr gern zur Schule. Ihre Leistungen sind sehr wechselnd. An »guten Tagen« habe sie gute Noten, aber auf dem Zeugnis hatte sie Dreien und Vieren. Die Mutter sagt, Jessica könne alles, wenn sie zu Hause übe, aber dann mache sie so viele Flüchtigkeitsfehler, daß es meist eine schlechte Note wird, besonders auch dann, wenn die Klassenarbeit am späteren Vormittag geschrieben wurde. In den ersten ein bis zwei Stunden sei sie nicht so zappelig und könne auch noch ganz gut aufpassen. Wenn sie dann zunehmend unaufmerksam und unruhig werde, ermahne sie die Lehrerin mit den Worten: »Du kannst aufpassen, wenn du willst. Gib dir Mühe. Oder willst du mich ärgern?«. Bisher ging Jessica gern zur Schule, auch wenn sie manchmal über eine schlechte Note traurig war. Nun fühlt sie sich ungerecht behandelt, klagt neuerdings morgens über Kopfschmerzen und weint oft, wenn sie aus der Schule kommt. Zu Hause ist sie ständig auf den Beinen. Sie fährt mit der Freundin Fahrrad, hilft der Mutter im Garten, geht gern mit ihr einkaufen. Sie spielt auch intensiv mit Puppen und malt viele bunte Bilder. Dabei spricht sie nahezu pausenlos, springt auf, holt etwas, räumt herum, lacht vergnügt. Ihr Zimmer sehe abends meist aus wie ein Schlachtfeld. Allein schafft sie es nicht, etwas zu Ende zu bringen. Die Mutter, eine ruhige, freundliche Frau, hilft ihr, nimmt ihr die Arbeit aber nicht ganz ab. »Sie muß Ordnung lernen, später räumt es ihr auch keiner nach.« Die Mutter hat sich angewöhnt, auch wenn sie zu Hause ist, Jessica die Aufgaben, die sie ausführen soll, aufzuschreiben. Für kleine Pflichten im Haushalt (die Mutter arbeitet halbtags) gibt es einen Steckkasten. Früher vergaß Jessica alles und war ganz traurig darüber, weil es ständig Reibereien gab und Worte wie »Unzuverlässigkeit« fielen. Unzuverlässig möchte sie auf keinen Fall sein. Sie freut sich, wenn alles gut geklappt hat und sie gelobt wird.

Auf die Frage, seit wann Jessica so überaktiv ist, antwortet die Mutter: »Schon immer. Schon in meinem Bauch strampelte und boxte sie, als wollte sie früher raus. Sie kam dann ohne jegliche Komplikationen zur Welt, trank gut (ich habe sie 6 Monate gestillt), war schon als Säugling sehr lebhaft, immer vergnügt und freundlich. Sie lernte auch eher als ihr älterer Bruder laufen und sprechen. Man mußte aber sehr aufpassen, wenn man mit ihr wegging, weil sie zu unkontrollierten Handlungen neigte. Mal zupfte sie bei Freunden alle Blumen ab. Dann war sie mal ins Wasser gefallen, als sie sich zu weit vorgebeugt hatte (ihr fehlte die natürliche Ängstlichkeit vor Unbekanntem). Mehrmals riß sie sich von der Hand los, wenn wir unterwegs waren. Sie amüsierte sich dann über unseren Schreck. Es war auch schwierig, sie z.B. beim Ausziehen oder beim Essen zu einer bestimmten Ordnung zu bringen. Immer tat sie zwischendurch etwas anderes und ließ sich leicht ablenken. Abends wollte sie nie ins Bett. Durfte sie einmal länger aufbleiben, war sie aber früh noch müde und noch leichter ablenkbar. »So haben wir uns angewöhnt, abends gemeinsam etwas zu spielen, was sie körperlich ermüden soll. Das tut uns allen gut. Wir achten darauf, ihr immer nur eine Sache nach der anderen zu erklären oder aufzutragen. Sonst wird sie ganz konfus und bringt gar nichts zustande«. Der Bruder sei ganz anders. Er sei ruhiger und könne sich lange mit einer Sache beschäftigen.

Der Vater, Diplomingenieur und in guter Position tätig, sei ein geselliger, heiterer Mensch. An den Wochenenden werde viel unternommen. Er werde aber auch schnell nervös, besonders dann, wenn mehrere Dinge rasch erledigt werden müßten. Daß er in der Arbeit so korrekt ist, sei eisernes Training. Wenn es zu Hause einmal hektisch zugeht, könne die Mutter ja vieles ausgleichen. In der Erziehung sei sie mehr für den funktionierenden Alltag, er mehr für die Unternehmungen zuständig. Als Kind sei er, wie seine Eltern sagen, Jessica sehr ähnlich gewesen.

Bei Jessica treffen einige ganz **typische Verhaltensweisen** des »hyperkinetischen Kindes« zu. Sie ist zum einen körperlich sehr aktiv, bringt aber Angefangenes meist nicht ohne fremde Unterstützung zu Ende, da sie sich leicht ablenken läßt. Sie ist impulsiv, tut mitunter Dinge ohne Überlegung und bringt sich und die Eltern damit in Gefahr bzw. in peinliche Situationen. Sie ist nervös, leicht erregbar, neigt zu Schlafstörungen und knabbert an den Nägeln. Daß es zu Hause keine gröberen Störungen und Konflikte gibt, wie sie oft bei solchen Kindern geschildert werden, hängt mit dem Klima in dieser Familie zusammen. Die ausgeglichene, kluge Mutter hat mit großem Verständnis für Jessicas Besonderheiten einen Rahmen geschaffen, der für Jessica überschaubar ist und in dem sie sich sicher bewegen kann. Die Mutter weiß, daß es nicht böser Wille des Mädchens, aber auch nicht Schuld der Eltern sein muß, wenn mal etwas nicht so gut klappt. Sie stellt ihr Aufgaben, kontrolliert ihre Durchführung, unterstützt sie, macht ihr Mut. Meist gelinge es ihr, ruhig zu bleiben. Dabei hilft ihr sicher auch, daß sie mit ihrem Mann eine harmonische Ehe führt und Freude und Anerkennung in ihrem Beruf als Bibliothekarin findet.

Viele Kinder fallen im Kindergarten, in der Schule oder zu Hause durch quirliges und überaktives (hyperkinetisches) Verhalten auf. Die Ursachen dafür sind vielfältig. Häufig liegt der Grund an den familiären Verhältnissen, in denen die Kinder aufwachsen. Dort gibt es meist keine Regeln, an die sich das Kind halten könnte. Jeder kommt und geht, wann er will. Mal wird das Kind für etwas hart bestraft – vielleicht mit Prügeln –, ein anderes Mal passiert in gleicher Situation gar nichts.

Diesen **Erziehungsstil** nennt man inkonsistent, also **unbeständig** und damit nicht vorhersehbar. Weil die Eltern oft mit eigenen Problemen beschäftigt sind, wird dem Kind zu wenig Aufmerksamkeit gewidmet. Das Kind wird kaum kontrolliert, es weiß nicht, worauf es sich einstellen muß oder kann, was es nun eigentlich darf und was nicht, ob es sich richtig verhalten hat oder falsch. Dem Kind wird einfach kein Rahmen gesetzt, in dem es sich geborgen fühlen kann. Hinzu kommen häufig Übermüdung durch Schlafdefizit, unpünktliches Erscheinen im Kindergarten oder in der Schule, geringe Unterstützung bei Hausaufgaben usw., da diese Eltern kein Interesse daran haben oder selbst hilflos sind.

Diese Bedingungen sind schwer beeinflußbar. Es ist aber ein weit verbreiteter Irrtum zu glauben, daß Verhaltensstörungen immer durch den Erziehungsstil der Eltern entstehen. So wie bei Jessica gibt es viele »ganz normale Familien«, in denen ein solches Kind (auch bei mehreren Geschwistern ist es oft nur ein Kind) nervös, unruhig, überaktiv, wenig ausdauernd ist. Dann sind sehr oft die Eltern, aber auch die Vorschul- und Schuleinrichtungen überfordert und nicht in der Lage, angemessen darauf zu reagieren.

Die **Ursachen** für ein hyperkinetisches Verhalten können aber auch beim Kind liegen:

So sind frühkindlich entstandene **Hirnfunktionsstörungen** oft für die Überaktivität eines Kindes verantwortlich. Zu denken ist hier an geringgradige Störungen oder Erkrankungen während der Schwangerschaft, wie beispielsweise:
- Frühgeburtlichkeit
- Unter-/Fehlernährung der Mutter
- Medikamenteneinnahme
- Konsum von Alkohol, Nikotin oder Drogen
- anhaltende Konflikte
- eine schwere Geburt mit Sauerstoffmangel
- Infektionen, Ernährungsstörungen, Verletzungen in der Säuglingszeit.

Bei solchen hirnorganischen oder funktionellen Ursachen können zum geschilderten Verhalten eventuell noch Entwicklungsstörungen, z.B. beim Lesen oder Schreiben, in der Geschicklichkeit oder auch in der Stabilität vegetativer Funktionen (z.B. Schlafstörungen, Ohnmachtsneigung, Kopfschmerzen) hinzukommen.

Häufig wird man aber bei überaktiven Kindern weder in Richtung einer frühkindlich erworbenen Hirnfunktionsstörung noch in Richtung des sozialen Umfeldes fündig. Es gibt aber weitere Theorien von der Entstehung überaktiven Verhaltens. Bei einer Reihe von Kindern findet man Hinweise, daß Zusammenhänge zwischen der Ernährung und der Unruhe bestehen. Mitunter läßt sich eine **allergische Reaktion** auf einzelne oder mehrere Nahrungsmittel nachweisen; vor allem Fisch, Milch oder manche Obstsorten sind hier zu nennen. In zunehmendem Maße erzeugen auch Zusätze wie Farb- und Konservierungsstoffe, das allgegenwärtige Glutamat oder auch Süßstoff in Light-Nahrungsmitteln und Getränken nervöse Störungen der beschriebenen Art. Hat man das herausgefunden und meidet dieses Nahrungsmittel (bzw. diesen Stoff), führt das in manchen Fällen zu einer verblüffenden Wirkung. Die Kinder werden ausgeglichener, können sich gut konzentrieren, fühlen sich plötzlich besser.

Viele überaktive Kinder haben ein **gestörtes Darmmilieu.** Zum großen Teil ist dafür der Genuß von Zucker verantwortlich. Durch den Industriezucker entsteht eine Übersäuerung im Darm, eine Veränderung des Milieus, die zur Vernichtung von wichtigen Bakterien führt und damit die Abwehrfunktion des Darmes schwächt. Eine solche Darmdysbiose scheint ein wichtiger Faktor der Überaktivität zu sein. Leider haben Kinder mit Störungen im Stoffwechsel häufig einen besonders starken Appetit auf Süßes. Hier Veränderungen herbeizuführen erfordert sehr viel Energie von seiten der Eltern.

Eine neurochemische Hypothese besagt, daß die hohe Erregbarkeit auf einem Fehler im Hirnstoffwechsel beruht. An den Verbindungsstellen (Synapsen) von Nerven- und Muskelzellen werden Botenstoffe (Transmitter) wie z.B. Adrenalin und Serotonin benötigt, die im Falle einer Störung nicht in genügender Menge bereitgestellt werden.

Die genannten Hypothesen sind jeweils nur für einen Teil der hyperkinetischen Kinder zutreffend. Hat man jedoch einen solchen Zusammenhang herausgefunden, dann ist damit ein wichtiger Therapieansatz gegeben. Das kann allerdings sehr aufwendig sein.

Schließlich spielt noch die **genetische Hypothese** eine Rolle, aus der sich jedoch keine therapeutischen Konsequenzen ableiten lassen. Sie entstand aus der Beobachtung, daß Eltern hyperaktiver Kinder recht häufig ähnliche Verhaltensweisen haben bzw. als Kinder hatten.

Behandlung des hyperkinetischen Syndroms

Für das hyperkinetische Syndrom trifft der Grundsatz einer mehrdimensionalen Therapie zu, also einer Behandlung, bei der die verschiedenen, oft untrennbar verflochtenen Bedingungen der Entstehung und des Verlaufs berücksichtigt werden. So enthalten die bereits beschriebenen Theorien über die mögliche Entstehung des hyperkinetischen Syndroms bereits Therapieansätze:

1. Beratung von Eltern und anderen Erziehungspersonen
2. Verhaltenstherapeutische Methoden
3. Medikamentöse Therapie
4. Diätetische Behandlung

Durch diese Behandlungsmöglichkeiten ist zwar nur selten Heilung zu erreichen, aber meist gelingt eine wesentliche Besserung, zumal wenn die Eltern in der Lage sind, die Behandlung zu Hause mit dem Kind umzusetzen.

Alle Behandlungen erfordern die **aktive Mitwirkung der Eltern und des Kindes.** Oft sind Kombinationen von mehreren Methoden erforderlich. So werden viele Kinder mit Hilfe einer gezielten medikamentösen Therapie ausgeglichener und können so überhaupt erst mit verhaltenstherapeutischen Techniken vertraut gemacht werden. Auch die Beratung der Eltern, vielleicht sogar ein Training bestimmter Erziehungstechniken, ist ein wichtiger erster Schritt, der allerdings allein nur selten ausreicht. Welche Behandlungsform die beste ist, hängt vom Alter des Kindes, der Schwere der Störung, aber auch von der Haltung der Eltern gegenüber den einzelnen Angeboten ab. So gibt es Eltern, die eine medikamentöse Therapie grundsätzlich ablehnen. Andere wiederum glauben, die richtigen Medikamente lösen alle ihre Probleme ohne eigenes Zutun.

Eine wichtige Rolle spielt dabei auch die Verfügbarkeit von geeigneten Therapeuten, z.B. für die Verhaltenstherapie. Ob sich Eltern zu einer Diät entschließen, hängt vor allem davon ab, ob es beim Kind Hinweise auf allergische Reaktionen gibt. Ich will die einzelnen Möglichkeiten erläutern, um Ihnen die Entscheidung zu erleichtern.

Mitwirkung der Eltern

Kommen Eltern mit ihrem überaktiven Kind in die Sprechstunde, liegt oft schon ein langer Leidensweg hinter ihnen; außerdem haben fast alle Eltern Schuldgefühle. Viele dieser Kinder sind seit der Säuglingszeit überlebhaft und damit anstrengend. Es kommt zu Konflikten und gegenseitigen Schuldzuweisungen, die Affekte schaukeln sich auf beiden Seiten auf. Die Eltern wissen nicht mehr weiter, weil weder gutes Zureden noch Bestrafen half. Oft ist die familiäre Harmonie empfindlich gestört, und Bemerkungen einer Mutter wie: »Er hat mir meine Ehe kaputt gemacht; ich bin am Ende.« sind kein Einzelfall. Hinzu kommen Konflikte mit Nachbarn und Freunden, weil diese Kinder ja oft impulsiv reagieren und allein schon durch ihre Unruhe einen schönen, gemeinsam geplanten Tag empfindlich stören können. Kürzlich sagte eine Mutter zu mir: »Wir leben ganz isoliert; alle haben sich von uns zurückgezogen.«

SCHWIERIGKEITEN, DIE JEDER BEMERKT

Besucht das Kind einen **Kindergarten**, nervt es die Erzieherinnen, weil es oft andere Kinder beim Spielen stört, bei gemeinsamen Beschäftigungen die Aufmerksamkeit erzwingt oder den Mittagsschlaf unterbricht. Leicht kommt es zu Schuldzuweisungen gegenüber den Eltern, besonders wenn das Kind häufig etwas vergißt oder nicht ordentlich gekleidet ist.

In der **Schule** spitzt sich das Problem zu, weil nun statt Spiel konzentriertes Lernen beginnt. Der Lehrer fühlt sich gestört und reagiert zunehmend nervös. Kennt er das Syndrom nicht, fühlt er sich oft sogar persönlich verletzt, weil er das Kind für unartig hält. Vielleicht glaubt er sogar, es wolle ihn ärgern. Nun werden die Eltern mit Aufforderungen und guten Ratschlägen bombardiert. Das Schlimmste aber ist, daß das Kind, das voller Erwartungen und Freude in die Schule eingetreten ist, durch ständige Ermahnungen und erste Mißerfolge beim Lernen immer unlustiger wird. Statt daß es sich angenommen und bestätigt fühlt und seine Erfolge stolz zu Hause berichten kann, wird seine Motivation aufzupassen und sich anzustrengen immer geringer. »Für die blöde Lehrerin, die sowieso immer meckert, lerne ich nicht mehr.« Und schon sind weitere Verhaltensauffälligkeiten programmiert.

Aus diesem Teufelskreis herauszukommen, gelingt um so schwerer, je länger ein Kind diesen Bedingungen ausgesetzt ist. Es müssen also zeitlich parallel Hilfen für das Kind und seine Eltern angeboten und die Pädagogen dieser Kinder informiert und beraten werden.

> Für die Eltern ist die erste und wichtigste Hilfe, daß sie sachlich über diese Störung informiert werden.
>
> Oft fühlen sie sich allein dadurch von Schuldgefühlen entlastet und finden wieder einen neuen Zugang zu ihrem Kind. Aus dem schwierigen Kind wird nun ein hilfsbedürftiges.
>
> Wichtig ist es, den Tagesablauf des Kindes zu strukturieren.

Hyperaktive Kinder finden oft kein Ende bei einer Sache, sie haben keinen Überblick, können nicht vorausschauen oder Gefahren erkennen. Deshalb brauchen sie die ständige Hilfe der Eltern oder Geschwister. Man darf nicht müde werden, ihnen beim Verlassen der Wohnung immer wieder das Terrain vorzugeben, in dem sie sich bewegen dürfen. Verbote sollte man sich von ihnen wiederholen lassen, z.B. daß sie eine bestimmte Straße nicht überqueren dürfen usw. Da ihnen die Einteilung der Zeit große Probleme bereitet und sie deshalb schlecht vorausplanen können, muß der Termin, zu dem sie wieder zu Hause sein sollen, ebenfalls mehrmals wiederholt werden.

> Zeiten und Situationen sollten so konstant wie möglich gehalten werden. Häufiger Wechsel von Anweisungen irritiert das Kind.

Kleinere Kinder haben noch nicht gelernt, die Grenzen zu akzeptieren. Stellt man an sie eine Forderung, sollte man bei ihnen bleiben und nach der angegebenen Zeit unnachgiebig das Ende verkünden. Kommt das Kind einigermaßen pünktlich, sollte man es loben. Es wäre kleinlich, würde man es wegen fünf Minuten Verspätung tadeln. Wenn sie sich »verbummelt« haben, ärgern sich die Kinder meist selbst darüber, weil sie nun schon wieder der Mutter Kummer bereiten. Deshalb ist hier angemessenes Reagieren der Eltern oft schwierig.

Bei ständigem Ermahnen und Nörgeln schalten die Kinder »auf Durchgang«, andererseits können wiederholte Versäumnisse nicht vollkommen ignoriert werden. Hier kommt es auf die Reaktion des Kindes und die jeweiligen Umstände an. Ist ein größeres Kind nachmittags einige Zeit allein in der Wohnung, sollte es seine kleinen Pflichten schriftlich erhalten. Es kann sie dann nacheinander »abarbeiten«. Mündliche Aufträge werden oft vergessen. Aber auch dann sollte man diese Kinder nie vor anderen bloßstellen. Sie sind ohnehin leicht zu irritieren, sind oft traurig, wenn wieder etwas nicht so geklappt hat.

Da überaktive Kinder **Lernprobleme** haben, die aus ihrer geringen Aufmerksamkeitsspanne und großen Ablenkbarkeit resultieren, sollte man den Nachmittag genau einteilen. Keinesfalls darf das Kind stundenlang zum Lernen gezwungen werden, weil man glaubt, daß es eine Aufgabe so lange wiederholen müsse, bis sie ordentlich bewältigt ist. Das Gegenteil wäre der Fall: Das Kind wird immer zappeliger und verliert die Lust am Lernen überhaupt. Vielmehr sollten **Hausaufgaben** anfangs im Beisein eines Erwachsenen zügig erledigt werden. Dazu ist viel Geduld nötig. Leicht ertappt man sich dabei, schnell das Richtige anzusagen. Besser wäre es aber, das Kind selbst seine Fehler finden zu lassen, um es allmählich zur selbständigen Arbeit mit eigener Kontrolle zu erziehen. Gelingt ein Arbeitsgang, sollte mit Lob nicht gespart werden. Auch ein kleiner Scherz oder die gemeinsame Ablenkung auf ein Haustier oder eine Entspannungsübung (s. auch Seite 72) lockert die Atmosphäre auf und schafft neue Kraft, sich wiederum für eine kurze Zeit voll konzentrieren zu können.

Es muß genügend **Zeit für körperliche Aktivitäten** bleiben, seien es Spiele im Freien, praktische Tätigkeiten im Haus oder im Garten, Sport usw. Dagegen sollten solche Freizeitbeschäftigungen wie Fernsehen oder Computerspiele eher eingeschränkt werden. Haben Eltern den Ehrgeiz, daß ihr Kind ein Musikinstrument spielen lernt, sollten sie auf keinen Fall das Kind dazu zwingen. Überlegen Sie es sich sehr gut, ob sie nicht zugunsten einer körperlich aktiven Freizeitbeschäftigung darauf verzichten. Für manche Kinder kann aber auch die musikalische Aktivität – vor allem, wenn sie erste Erfolge dabei erleben – ein besondere Art von spielerischem Ausleben sein.

Wenn **Pädagogen** wenig oder nichts über das hyperaktive Syndrom wissen, was leider oft der Fall ist, können sie nicht sachkundig reagieren. Daher sollte der Therapeut des Kindes unbedingt den Kontakt zur Erzieherin im Kindergarten, zum Lehrer oder zur Lehrerin herstellen, sie sachlich informieren und auch Verhaltensstrategien abstimmen. Da zwischen Eltern und Pädagogen oft Spannungen und gegenseitige Schuldzuweisungen entstanden sind, muß hier durch eine kompetente dritte Person vermittelt werden.

Diese Information könnte etwa lauten: »Peter hat ein Verhaltensproblem, für das weder er selbst noch seine Eltern noch Sie die Schuld tragen. Die Störung hat Krankheitswert. Ich weiß, daß es für Sie durch Peters Verhalten sehr anstrengend ist, in dieser Klasse zu unterrichten, und ich verstehe, daß Sie mitunter ungehalten sind. Sie kennen Peter gut, auch seine starken Seiten. Wir sollten daher gemeinsam nach Möglichkeiten suchen, die für alle Beteiligten hilfreich sind.«

Vielleicht wußte der Lehrer nichts von der Existenz des hyperkinetischen Syndroms und erlebte das Fehlverhalten des Kindes als Mangel seiner pädagogischen Fähigkeiten. So kann erreicht werden, daß er das Kind anders sieht und festgefahrene Verhaltensmuster zu ändern versucht. Da das Kind wegen seiner geringen Aufmerksamkeitsspanne öfters schlechte Leistungen erzielte, obwohl es alles verstanden hatte – während es vielleicht in guten Stunden sogar die Klasse durch sein hervorragendes Auffassungsvermögen verblüfft –, sollten Möglichkeiten gefunden werden, ihm auch mal Erfolgserlebnisse zu verschaffen. Das können beim jüngeren Kind **kleine Aufgaben** in der Klasse sein wie Blumen gießen, Schrank- oder Tafeldienst. Es sollte auch in der Nähe des Lehrers sitzen. Oft genügt dann schon ein Blick, um es wieder zur Arbeit zurückzuholen. Kennt der Lehrer das Kind gut, wird er eine beginnende Krise rechtzeitig bemerken und es durch eine verabredete Geste dazu bringen, sein Selbstkontrollverhalten einzusetzen. Ist das Kind besonders unruhig, kann es, wenn das die Schulumstände erlauben, mal eine Extrarunde auf dem Schulhof genehmigt bekommen. Eine zusätzliche Strukturierung der Aufgaben für dieses Kind ist zweckmäßig. Einmal auch sein Herumzappeln, Aufstehen, Spielen, aus dem Fenster schauen usw. übersehen zu können, ist für beide Seiten günstig. Der Lehrer vergibt sich damit nichts, er muß nur auch der Klasse erklären, daß jedes Kind seine Besonderheiten hat. Natürlich hängt das alles auch von der Klassenfrequenz ab und davon, wie viele hilfsbedürftige und schwierige Schüler noch da sind. Der arme, gestreßte Lehrer sollte sich immer vor Augen führen, daß das Kind nicht ungezogen, sondern krank ist. Hat er erst einmal eine negative Einstellung gegenüber einem Kind entwickelt, ist es kompliziert, sie zu korrigieren.

Für hyperaktive Kinder kann auch **zusätzlicher Förderbedarf** über den Förderausschuß der Schule beantragt werden. Für extreme Situationen, wenn ein Kind massiv den Unterricht stört, weil es z.B. in einen akuten Erregungszustand geraten ist, muß dem Lehrer individuelles Handeln, z.B. eine vorübergehende Isolierung dieses Kindes, erlaubt sein.

Schließlich sollte auch mit dem Kind angemessen über seine Störung gesprochen werden. Es sollte wissen, daß es keinen Freibrief für sein Verhalten hat. Auch wenn vom Arzt oder Psychologen therapeutische Programme eingesetzt werden, geht das nicht ohne die Mitarbeit des Kindes. Wissen die Kinder über sich Bescheid, sind sie auch besser in der Lage, sich selbst zu kontrollieren.

Ein Wort abschließend zum Problem »Erziehung«: Es gibt junge Eltern, die »modern« leben möchten und es daher ablehnen, daß es in ihrem familiären Zusammenleben bestimmte Normen gibt. Jeder darf tun, was er möchte. Sie meinen, daß sonst der Mensch in seinen Freiheitsgraden eingeschränkt werde. Das ist schon mit gesunden Kindern problematisch, weil Kinder einen festen Halt regelrecht suchen, um sich darin auch geborgen fühlen zu können. Außerdem erleichtern Regeln das Zusammenleben.

> Für ein hyperaktives Kind ist eine solche Lebenshaltung ohne feste Regeln des Zusammenlebens geradezu eine Katastrophe.

Ich habe die Entwicklung einer Reihe solcher Kinder über Jahre verfolgen können. Meist kommt es – spätestens in der Pubertät – zu extremen Verhaltensstörungen, oft zusammen mit kriminellen Delikten: Schuleschwänzen, Streunen, Diebstähle, Kontakte mit Jugendgangs bis zu Drogenkonsum und Jugendstrich, so daß diese Kinder häufig aus ihrer Familie gelöst werden müssen, weil die Eltern mit ihnen nicht mehr zurecht kommen.

Hier muß man eine **Familientherapie** im eigentlichen Sinne erwägen, bei der praktisch alle in einer Familie lebenden Menschen einbezogen werden. Natürlich bestimmt ein überaktives Kind die Dynamik einer Familie ganz erheblich. Die Familie kann dadurch in die Lage versetzt werden, unter der Anleitung des Therapeuten ihre Gefühle darzustellen und neue Verhaltensmuster untereinander und insbesondere dem betroffenen Kind gegenüber zu entwickeln und zu üben. Oft kommen dabei tiefere familiäre Konflikte zutage, die dann auch bearbeitet werden müssen. Kompliziert wird es, wenn Schlüsselfiguren der Familie sich der Therapie entziehen und unter fadenscheinigen Gründen den gemeinsamen Sitzungen fernbleiben – nur weil es für sie unangenehm wird.

Da Familientherapie auf jeden Fall sehr aufwendig und konfliktträchtig ist, sollte man sich nur darauf einlassen, wenn ein erfahrener Therapeut zur Verfügung steht. Die Probleme des hyperaktiven Kindes werden damit nicht gelöst, sondern lediglich durch verändertes Verhalten der Bezugspersonen erleichtert. Das Kind braucht deshalb auf jeden Fall weitere Therapie.

Verhaltenstherapie

Verhaltensweisen werden im Rahmen der vorgegebenen Erbanlagen nach und nach erlernt. Dies nützt die Verhaltenstherapie aus, indem sie **er-**

wünschtes oder zweckmäßiges Verhalten** verstärkt. Dies geschieht auf vielerlei Art: durch Vermitteln von Erfolgserlebnissen, durch Lob und Anerkennung oder durch die Zuwendung von Bezugspersonen. Verhaltensweisen, die nicht durch solche Effekte verstärkt werden, können sich nicht durchsetzen und werden rasch durch andere ersetzt.

Ein Kind richtet sein Verhalten an den Reaktionen seiner Umgebung aus. Unzweckmäßiges und unerwünschtes Verhalten wird mehr oder weniger schnell abgelegt, wenn Erfolg und Bestätigung ausbleiben.

> Sieht man störendes Verhalten als Ergebnis eines fehlgeleiteten Lernprozesses, muß es auch möglich sein, es wieder abzugewöhnen und zu löschen.

Wie gut das gelingt, hängt von den Ursachen ab, die zur Ausbildung der Verhaltensstörung geführt haben. Auch die Dauer, in der sich dieses Verhalten verfestigen konnte, spielt eine Rolle. So wissen wir, daß Verhaltensmuster aus der frühen Kindheit nur sehr schwer und nicht vollständig gelöscht werden können.

Außerdem hängt der Therapieerfolg davon ab, wie sehr ein Kind bereit ist, sein Verhalten zu ändern. Es braucht viel Motivation, um auch engagiert und kontinuierlich an der Therapie mitzuwirken. Die Bereitschaft dazu wird erheblich gefördert, wenn ein »Leidensdruck« vorhanden ist. Fühlt sich z.B. durch die Unaufmerksamkeit eines Schülers in erster Linie der Lehrer beeinträchtigt, wird er Druck auf den Schüler ausüben mit der Folge, daß auch der Schüler leidet und eine Änderung des Zustandes herbeiführen möchte.

Ein hoher Leidensdruck – und damit auch eine hohe Motivation – ist bei überaktiven Kindern meist vorhanden. Trotzdem scheitert eine solche Therapie in manchen Fällen, wenn z.B. die Eltern das Problem kaum bemerken und ihr bereits motiviertes Kind nicht unterstützen. Aber auch am Kind selbst kann die Therapie trotz einer guten Motivation scheitern, wenn es z.B. die Kraft zum Üben bestimmter Techniken nicht aufbringt.

Die Verhaltenstherapie hat gegenüber anderen psychotherapeutischen Methoden einen Vorteil: Sie läßt sich bereits bei kleinen Kindern erfolgreich anwenden und kann relativ schnell Symptome verändern. Unter Anleitung eines Therapeuten erlernen die Kinder Techniken, die ihnen eine Kontrolle ihres Verhaltens gestatten. Die Eltern müssen dabei in der Lage sein, das Kind in seinem Bemühen zu unterstützen, z.B. es tatsächlich zu loben, wenn es eine bestimmte festgelegte Zeit bei einer Beschäftigung geblieben ist. Diese Zeiten werden dann ganz allmählich gesteigert.

> Das Kind lernt, sich selbst zu kontrollieren und zu instruieren. Je besser sich das Kind kennenlernt, um so leichter kann es sich selbst steuern.

72 ■ SCHWIERIGKEITEN, DIE JEDER BEMERKT

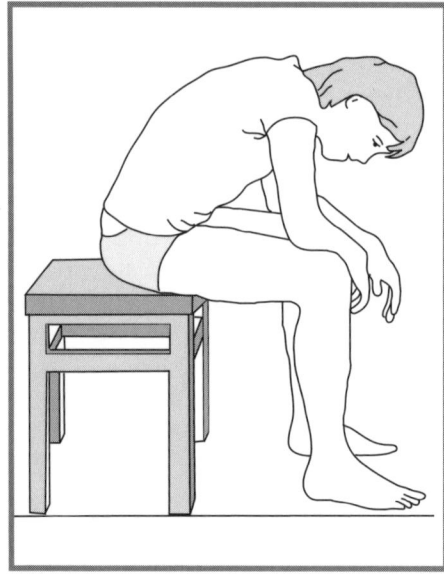

Durchführung des autogenen Trainings

Das Kind wird auch mit **Entspannungstechniken** wie dem autogenen Training oder einem Muskelentspannungsprogramm vertraut gemacht. Ist es müde und kann sich nicht mehr konzentrieren, wendet es eine solche Methode an. Das Nervensystem kann sich wieder erholen, bereits nach kurzer Zeit ist das Kind wieder frisch, ausgeglichen und leistungsfähig.

Diese Therapie kann einem hyperaktiven Kind sehr helfen, sein Verhalten zunehmend zu steuern. Solange es selbst die Einsicht und die nötige Energie des Übens noch nicht aufbringt, sind die Eltern gefordert. Erfolg ist um so eher zu erwarten, je konsequenter sie die Lernprogramme in allen Lebenssituationen umsetzen können. Sie dürfen nicht »weich werden«, auch wenn sie selbst abgespannt sind und ihnen ihr Kind leid tut.

Als nicht erfolgreich erweisen sich Verhaltenstherapien mit Familien, in denen die Eltern keine eigene Disziplin haben. Wie ich schon ausführte:

Eine Laissez-faire-Haltung der Eltern ist für überaktive Kinder besonders tragisch.

Medikamentöse Therapie

Ist ein Kind so überaktiv und unkonzentriert, daß es sowohl zu Hause als auch im Kindergarten oder in der Schule seiner Umgebung ständig auf die Nerven geht, sollte als erstes eine Behandlung mit Psychostimulanzien begonnen werden. Diese Medikamente regen beim gesunden Menschen die geistige Tätigkeit an, erhöhen das Denk- und Kombinationsvermögen und steigern die gesamte Aktivität. Durch Zufall fand man vor etwa fünfzig Jahren heraus, daß durch diese Medikamente hyperaktive Kinder nicht etwa noch lebhafter, sondern im Gegenteil ruhiger werden. Sie können einem Sachverhalt länger folgen und ihn offensichtlich auch besser verarbeiten als vorher.

In zahlreichen kontrollierten Studien in den USA und in Europa wurde in den folgenden Jahren die Wirksamkeit der **Amphetamine** beim hyperkinetischen Syndrom (HKS) nachgewiesen. Gleichzeitig fallen durch diese Therapie alle Kinder heraus, bei denen kein echtes hyperkinetisches Syndrom besteht. Dies sind z.B. Kinder mit einer chronischen Überforderung, die sich ähnlich darstellen kann, oder mit einer hohen Bereitschaft zur Aggression, bedingt durch die sozialen Verhältnisse. Aber auch beim echten hyperkinetischen Syndrom sprechen nicht alle Kinder auf diese Therapie an. Therapieversager (Nonresponder) findet man nach wenigen Wochen heraus und setzt dann das Medikament wieder ab. Eventuell versucht man, wenn das Kind durch seine extreme Unruhe anderen Therapieverfahren nicht zugänglich ist, ein beruhigendes Medikament.

Die Amphetamine bewirken in erster Linie eine erhöhte Aufmerksamkeit, die Kinder können sich besser steuern. Es fällt ihnen leichter als vorher, still zu sitzen, sich einer Aufgabe ohne ständige Ablenkung zuzuwenden. Dadurch sind sie in der Lage, Aufgaben besser zu lösen. Die Umgebung ist zufriedener. Sie haben Erfolge, ihr Selbstbewußtsein steigt, sie mögen sich und finden ihr Leben viel erträglicher als vorher.

Die Wirkung besteht darin, daß Amphetamin an den Verbindungsstellen (Synapsen) im Gehirn Botenstoffe freisetzt, die bei Menschen mit dieser Krankheit unzureichend vorhanden sind. Es wird also ein Mangel ausgeglichen. Damit wird auch die bange Frage der Eltern beantwortet, ob ihre Kinder davon abhängig werden können wie viele Menschen, die diese Stoffe einnehmen. **Hyperaktive Kinder werden nicht abhängig.** Es ist aber streng darauf zu achten, daß nur die notwendige Menge gegeben wird. Man beginnt mit einer sehr kleinen Dosis und nähert sich allmählich einer Erhaltungsdosis. Wird zu viel genommen, ist die Anregung zu stark; die Kinder werden noch nervöser und können nicht schlafen. Aus den gleichen Gründen wird das Medikament nur morgens, höchstens nochmals in den späten Vormittagsstunden gegeben.

Nicht alle hyperaktiven Kind brauchen Medikamente, aber für einige sind sie unentbehrlich. Sie können sonst alle anderen Maßnahmen nicht erfassen, den Lernstoff nicht aufnehmen. Erst wenn die fehlenden Überträgerstoffe ersetzt werden, kann das Kind die vielen Umweltreize aufnehmen. Der Therapieerfolg läßt sich bei manchen Kindern auch an der Handschrift »messen«, die wesentlich leserlicher wird.

Ernährung

Da viele hyperaktive Kinder eine Bereitschaft zu **Allergien** haben, lohnt sich immer ein Allergietest. Allergien können sich auf sehr vielfältige Weise äußern, z.B. auch in Nervosität und Überaktivität. Da die Belastung dieser Kinder aber nicht nur über allergische Reaktionen läuft, sondern auch über Fehlernährung, Vergiftung mit Schwermetallen usw., muß auch in diese Richtung gedacht werden. Eine diesbezügliche Blutuntersuchung sollte bei hyperkinetischen Kindern auf jeden Fall erfolgen. Offensichtlich liegt eine besondere Reaktionsbereitschaft vor, denn andere Kinder mit ähnlicher Ernährung oder toxischer Belastung haben keine Auffälligkeiten. Eine Zeitlang stand die Theorie der Schwermetallbelastung sogar im Vordergrund, was schließlich zur Gründung der Phosphatliga führte. Das hat sich wissenschaftlich jedoch nicht beweisen lassen.

> Kinder, bei denen man eine Nahrungsmittelunverträglichkeit annehmen muß, sollten mit einer sogenannten Auslaßdiät behandelt werden.

Es beginnt mit einer Fleischsorte (Lamm oder Huhn), als Kohlenhydrate Reis und/oder Kartoffeln und als Obst Banane, Birne oder geschälte Äpfel, dazu Gemüse (z.B. Blumenkohl und Möhren), Wasser, Früchtetee über vier bis sechs Wochen. In dieser Zeit kommt es bei vielen Kindern zu einer erheblichen Verhaltensänderung. Außerdem verschwinden oder verringern sich allergische Hauterscheinungen, Kopfschmerzen, Schlafstörungen, Ekzeme, Asthma, Heuschnupfen. Nun beginnt man, die Nahrung wieder aufzubauen, indem man jede Woche ein neues Nahrungsmittel hinzufügt. Kommt es dabei zu erneuten Symptomen, muß dieses Nahrungsmittel als unverträglich angenommen und künftig gemieden werden. Oft sind es einige wenige Stoffe, die vom Kind nicht vertragen werden, so daß sich die Ernährung eventuell nicht allzu kompliziert gestaltet. Leider kommen aber ständig neue Zusatzstoffe in unsere Nahrungsmittel, um sie länger haltbar und optisch ansprechender zu machen. Viele Menschen reagieren darauf mit Unverträglichkeitserscheinungen.

Inzwischen liegen Studien vor, die diese Reaktionen mit standardisierten Methoden überprüft haben. Danach gibt es erhebliche Unterschiede im Verhalten der Kinder. In Zeiten, in denen eine genau festgelegte Diät verabreicht wurde, reagierten die Kinder ganz anders als in der Phase, in der die Normalernährung mit möglichen Allergenen angereichert wurde. Erstaunliche Erfolge kann ich auch immer wieder beobachten, wenn das Darmmilieu überaktiver Kinder »entstört« wird. Dazu ist eine Umstellung auf Vollwertkost erforderlich, Industriezucker, Weißmehlprodukte und Schweinefleisch müssen weggelassen werden.

Das aggressive Kind

Fallbeispiel Paul ist ein siebenjähriger Bub, der gerade die erste Klasse beendet hat. Er hat zwei Geschwister: Maria, die Vierzehnjährige, ist ein sehr selbständiges, leistungsstarkes und ehrgeiziges Mädchen. Mit ihr hat die Mutter keine Probleme. Sie ist das einzige Kind aus der Ehe der Mutter. Der Vater verunglückte tödlich, als Maria drei Jahre alt war.

Die Mutter ist Masseurin in einer Klinik und liebt ihren Beruf. Sie ist eine warmherzige, sensible, phantasievolle, eher anlehnungsbedürftige Frau. Nach dem plötzlichen Tod ihres Mannes war sie längere Zeit depressiv; auch jetzt noch neigt sie zum Grübeln, besonders, wenn sie nachts nicht schlafen kann. Sie lebt jetzt mit einem neuen Partner zusammen, mit dem sie zwei Kinder hat: Der fünfjährige Frank besucht den Kindergarten und ist ein eher stilles und phantasievolles Kind. Er kann sich gut allein beschäftigen, ist aber auch gern unter Kindern und bei Gleichaltrigen beliebt.

Paul geht nicht gern in die Schule. »Ständig muß ich etwas tun, was andere von mir verlangen.« Sich an Regeln zu halten fällt ihm sehr schwer. Er schwatzt, verläßt seinen Platz, redet dazwischen, wenn er etwas sagen oder fragen will. Anfangs provozierte er die Lehrerin, indem er z.B. laut rülpste oder anderen provokativ etwas wegnahm. Einige lachten, und er beobachtete die Lehrerin aus den Augenwinkeln, wie sie wohl reagieren werde. (Und er freute sich, wenn sie den Falschen tadelte.) Wenn sie ihn ermahnt oder wenn sie eine Antwort von ihm nicht würdigt, weil er z.B. dazwischengerufen hat, wird er wütend und beschimpft sie unflätig. Einige Male ist er dann zu ihr gegangen und hat reumütig versprochen, es nicht wieder zu tun. In solchen Augenblicken glaubte die Lehrerin, daß sie es schaffen könnte, ihn in die Klasse zu integrieren. Besonders schlimm ist es im Sportunterricht. Hier tobt er, hört nicht auf Anweisungen und verleitet auch mal andere zum Ringkampf. Die sehr junge Lehrerin fürchtet diesen Unterricht und erklärt, daß sie sich nicht genügend durchsetzen könne und daher manches ignoriere.

Trotz seines störenden Verhaltens bekommt er den Lehrstoff gut mit, allerdings ermüdet er schneller als die anderen Kinder seiner Klasse. Dann beginnt er an seinen Fingernägeln zu reißen, mit den Füßen zu scharren oder andere mit Kügelchen zu bombardieren. Die Kinder fanden es anfangs ganz lustig, wenn er die Beherrschung verlor. Inzwischen distanzieren sie sich von ihm, weil er sie auch ärgert, plötzlich schubst oder schlägt. Im Hort ist er inzwischen bei den Kindern und Erwachsenen ebenfalls unbeliebt, weil er auch hier laut schreit, schlägt oder wütend wegrennt, wenn es nicht nach seinem Kopf geht. Die Schule hat nun Druck auf die Mutter ausgeübt, mit ihm eine Therapie zu beginnen. Andernfalls würde man ihn in eine Förderklasse für Verhaltensgestörte umschulen.

Pauls Geburt war nicht komplikationslos verlaufen. Er mußte mit einer Zange entbunden werden, da seine Herztöne während der langen Geburt schwach wurden. Als Säugling schrie er tagsüber und nachts so, daß sich die Mutter kaum noch zu helfen wußte. Er spuckte auch oft nach den Mahlzeiten. Die Trotzphase begann schon mit 2,5 Jahren und besteht eigentlich noch immer. Als kleines Kind riß er sich auf der Straße mehrfach von der Hand der Mutter los, krakeelte im Laden, wenn sie ihm nicht das kaufte, was er gerade wollte. Die große Schwester weigerte sich, auf ihn aufzupassen, weil er auch bei ihr immer nur kurze Zeit lieb war, obwohl er gern mit ihr spielte und sie auch akzeptiert.

Im Kindergarten, den er ab dem vierten Lebensjahr besuchte, bekam er Wutausbrüche, wenn man ihm nicht seinen Willen ließ. Dabei ging es mitunter um ganz banale Dinge, wie z.B. um eine bestimmte Speise, die er mittags erwartete, um den Regen, der das Draußenspielen verhinderte. War ihm etwas beim Bauen oder Malen nicht gut gelungen oder versuchte gar die Kindergärtnerin, etwas daran zu verbessern, war er völlig entmutigt und auch oft für längere Zeit nicht aus seiner Schmollecke herauszulocken. Während des Mittagsschlafes wurde er mitunter isoliert, wenn er nicht in der Lage war, sich still zu verhalten. Schlafen konnte er nur ausnahmsweise. Er erzählte oder sang laut vor sich hin, ohne Rücksicht darauf, daß er den Schlaf der anderen störte. So wurde er allmählich für die Kinder »der böse Paul«, mit dem keiner gern spielte. Mitunter war er traurig, wenn er diese Ablehnung erfuhr, beschimpfte dann aber seinerseits die Kinder: »Mit dir will ich auch gar nicht spielen, du stinkst!« oder etwas ähnliches. Oder er stellte anderen ein Bein und zeigte danach Genugtuung statt Reue.

Pauls Vater, der eine eigene Wohnung hat und beruflich sehr viel unterwegs ist, wird von der Mutter als gut aussehender, athletischer Typ geschildert, der aktiv, heiter, aber auch ziemlich ruhelos sei. Er verliere schnell die Beherrschung, werde dann laut; es rutsche ihm auch schnell mal die Hand aus. Im Betrieb hätte er auch wiederholt Auseinandersetzungen, bei denen er impulsiv reagierte. Nachtragend sei er aber nicht; und das erwarte er auch von den anderen. Wenn er da sei, unternehme er oft etwas mit den Kindern, sie hingen auch an ihm. Die eigentliche Erziehung bliebe aber der Mutter überlassen.

Aggressives Verhalten hat mehrere **Ursachen.** Einige deuten sich bei Paul an. Da ist das u**ngesteuerte Temperament des Vaters,** seine Nervosität und Hyperaktivität, also eine ererbte Disposition. Untersuchungen haben ergeben, daß aggressive und antisoziale Verhaltensweisen zu einem hohen Prozentsatz über die Generationen »weitergegeben« werden. Danach haben in über 30 Prozent der Fälle die leiblichen Väter von Kindern mit aggressiven Verhaltensstörungen eine antisoziale Störung der Persönlichkeit. Damit ist aber nicht bewiesen, ob die Kinder ihr Verhalten ererbt oder erlernt haben oder ob beide Generationen ungünstige Umweltbedingungen hatten.

Sehr wahrscheinlich hat Paul auch **Verhaltensmuster des Vaters** übernommen, die seine Anlage weiter verstärken. Die Übernahme von Verhaltensweisen der Eltern (Lernen am Modell) spielt generell bei der Verhaltensentwicklung der Kinder eine wichtige Rolle. Davon nicht zu trennen sind die **Erziehungsfertigkeiten der Eltern** und die gesamte häusliche Atmosphäre. Die Mutter Pauls hat drei sehr unterschiedliche Kinder, für die sie, sieht man von der Überforderung ab, sehr liebevoll sorgt. Sie kümmert sich um sie, zieht sie aber auch zu kleinen Pflichten im Haushalt heran. Sie ist eine eher nachgiebige Mutter, was bei den anderen beiden Kindern keine nachteiligen Folgen brachte. Paul braucht aber einen Menschen, der ihm stärker hilft, sich zu steuern, der ihn stärker kontrolliert und mit liebevoller Konsequenz in seine Grenzen weist.

Oft sind die **Elternhäuser** aggressiver Kinder viel problematischer als hier. Es sind Eltern, die mit ihrem eigenen Leben nicht zurechtkommen, die durch Dauerarbeitslosigkeit, psychische Krankheit, Alkohol- und Drogenabhängigkeit, mitunter auch durch kriminelle Handlungen an den Rand der Gesellschaft geraten sind.

Oft bestehen nur lose familiäre Bindungen, Streitigkeiten sind an der Tagesordnung. Ein solches »Zuhause« kann den Kindern keine Geborgenheit geben und setzt andererseits auch keine Grenzen. Oft hatten solche Eltern als Kinder ebenfalls keine liebevolle Zuwendung, sondern Gleichgültigkeit oder gar Gewalt erfahren und wiederholen nun diese Erziehungspraktiken, weil sie keine anderen kennen. Sie lassen alles laufen, schlagen aber gelegentlich oder auch häufig brutal zu. In solchen dissozialen Familien kommen oft äußere Faktoren wie räumliche Beengtheit und ein hoher Lärmpegel hinzu, die Aggressionen weiter fördern.

Andere Familien sind dadurch gekennzeichnet, daß sich die Kinder häufig an wechselnde **Bezugspersonen** gewöhnen müssen, deren Erziehungsstil unterschiedlich ist.

Ich habe oft von Müttern verhaltensgestörter Kinder gehört, daß sie zum wiederholten Mal ihren momentanen »Freund« den Kindern als neuen Papa präsentierten. Sie versuchten zu ihrer eigenen Entlastung, ihn rasch in die Erziehung der Kinder zu integrieren. Mitunter vergrößerte dann anstelle des bald wieder geflüchteten Mannes ein weiteres Kind die Familie.

Wieder andere, mitunter ganz wohlsituierte Eltern kümmern sich wenig um ihre Kinder, weil sie sich selbst verwirklichen müssen und jeden Tag andere, natürlich immer ganz wichtige Gründe dafür haben, daß sie später nach Hause kommen, wegfahren müssen (»die nette Nachbarin kümmert sich wieder um Euch«), versprochene gemeinsame Unternehmungen platzen lassen und keine Zeit für die kleinen Sorgen und Probleme ihrer Kinder haben.

Manche Eltern sind der Meinung, daß man Kinder nicht erziehen sollte, und gewähren ihnen alle Freiheiten und Rechte, ohne sie auch an Pflichten zu gewöhnen. So entstehen egozentrische, rücksichtslose Menschen.

Eine biologische Ursache kommt in unserem Fall auch in Betracht. Die schwere Geburt Pauls mit zeitweiligem Sauerstoffmangel kann zu Symptomen wie Konzentrationsschwäche, Zappeligkeit und erschwerte Steuerungsfähigkeit führen.

Bei den **Risikofaktoren** für aggressives Verhalten muß schließlich noch das Geschlecht genannt werden.

Unstrittig ist, daß es Geschlechtsunterschiede im aggressiven Verhalten gibt. In den Therapien sind Mädchen nur zu etwa 10 bis 15 Prozent vertreten.

Unbewiesen ist bisher, ob dafür biologische Unterschiede verantwortlich sind oder ob dies das Resultat traditioneller gesellschaftlicher Rollenerwartungen ist.

Wie verhalten sich aggressive Kinder?

Sie haben oft **schlechte schulische Leistungen**. In psychologischen Tests ist die Intelligenz aber meist höher, als es nach den Noten zu erwarten wäre. Sie sind einerseits durch ihre Überaktivität, geringe Aufmerksamkeitsspanne und extreme Ablenkbarkeit nicht in der Lage, den Lernstoff aufzunehmen und zu verarbeiten. Viele dieser Kinder haben ein hyperkinetisches Syndrom (s. Kapitel »Das überaktive Kind«, Seite 62 ff.). Ein Teil der Kinder ist aber gar nicht bereit, sich einzuordnen und anzustrengen. Dadurch verschärft sich der Teufelskreis, daß sie eigene Interessen nicht entsprechend umsetzen und von anderen zunehmend abgelehnt werden.

Aggressive Kinder haben Schwierigkeiten, normal auf andere zuzugehen und mit ihnen zu kommunizieren. Sie unterstellen anderen eine feindselige Absicht und reagieren (nach ihrer Meinung zu Recht) aggressiv statt verbindlich. Außerdem finden sie in Konfliktsituationen wenig alternative Lösungen. Anstatt mit Worten zu beschwichtigen, tendieren sie eher zu direkten Lösungen. Dabei beurteilen sie ihr eigenes aggressives Verhalten als positiv und leicht realisierbar. Sie ärgern sich schnell über Kleinigkeiten und sind dann gereizt. Sie hören anderen weniger zu, äußern sich unüberlegt und häufig feindselig. Dies alles ist damit erklärbar, daß aggressive Kinder ihre **Umwelt scheinbar anders wahrnehmen** und interpretieren. Als Folge davon reagieren sie auch anders. Die Verhaltensprobleme nehmen zu, weil sie auch von den Gleichaltrigen zurückgewiesen werden, da sie im Umgang unangemessen reagieren und egozentrisch sind. Wichtig ist auch, daß sie über eine **geringe Selbstachtung** verfügen. Das trifft in besonderem Maße auf die Kinder zu, deren aggressives Verhalten aus Ängstlichkeit und Unsicherheit im Umgang mit anderen entstanden ist. Sie meinen, sich mit ihrem Verhalten Respekt zu verschaffen. Da bei diesen Kindern die Angst durch die Aggression verringert wird, wenden sie immer häufiger diese unangemessene Form der Selbstbehauptung an.

Die Änderung von aggressivem Verhalten ist kompliziert. Neben den individuellen Bedingungen spielt hier stärker als bei sonstigen Verhaltensstörungen das **gesellschaftliche Umfeld** mit seinen derzeitigen Trends, wie der »Normalisierung von Gewalt« in den Medien, der zunehmenden Auflösung familiärer (und generell menschlicher) Bindungen und der Durchsetzung eigener Interessen »mit allen Mitteln« eine große Rolle.

Natürlich ist auch hier **Vorbeugen** besser als Heilen. So früh wie möglich müssen Eltern das Verhältnis zu ihren Kindern prüfen und ihr persönliches und berufliches Leben mit der Fürsorge für die Kinder in Einklang bringen.

Aggressive Kinder werden nicht nur von ihren Schulkameraden häufig abgelehnt, sondern (oft im Unterbewußtsein) auch von ihren Eltern. Ganz gleich, ob sie von Anfang an unerwünscht und ungeliebt waren und sich so ihr Verhalten entwickeln konnte oder ob die Ablehnung erst mit zunehmender Verhaltensstörung entstanden ist: Eine Verhaltensänderung kann in dieser Konstellation nicht gelingen, denn die aktive Mitwirkung der Eltern ist unerläßlich.

Ähnlich wie bei überaktiven Kindern, die ja auch oft impulsiv sind, leiden Eltern aggressiver Kinder sehr und haben meist Schuldgefühle. Andauernd leben sie in der Erwartung unerfreulicher Nachrichten, was ihr Kind wieder angestellt hat. Da die Eltern meist überfordert sind mit ihrem schwierigen Kind, muß man ihnen Hilfe anbieten. Die erste und wichtigste Hilfe ist, daß sie über Ursachen und Bedingungen der Störung sachlich informiert werden. Oft fühlen sie sich schon dadurch von Schuldgefühlen entlastet und finden wieder einen Zugang zum Kind. Im Laufe der Zeit haben sich oft auf beiden Seiten falsche Reaktionen eingeschliffen, die Fronten sind verhärtet.

Behandlung aggressiver Kinder

Mit den Eltern werden die von ihnen geschilderten Situationen besprochen, und es werden alternative Reaktionen angeboten und schließlich auch trainiert. Hier haben sich Videoaufnahmen der Spielszenen bewährt, in denen die Eltern staunend ihre eingefahrenen Fehlreaktionen erkennen. Anschließend wird mit verteilten Rollen (zunächst ohne Kind, dessen Rolle z.B. der Therapeut übernommen hat) alternatives Verhalten geübt. So erwerben die Eltern Sicherheit und Selbstvertrauen und trauen sich wieder, ihrem Kind gegenüber etwas verbindlich zu entscheiden, sich auch bei aggressiven Attacken nicht aus der Fassung bringen zu lassen, etwas sachlich und ruhig zu kontrollieren, ohne gleich unbeherrscht zu kritisieren. Mit Hilfe des Therapeuten lernen die Eltern, für das Kind berechenbar zu reagieren. Der Tag wird mit dem Kind strukturiert, es müssen für alle verbindliche Zeiten geplant werden, sei es für gemeinsame Unternehmungen am Wochenende, sei es auch nur für gemeinsame Mahlzeiten, bei denen das Kind auch seine Alltagsprobleme loswerden kann.

Da aggressive Kinder Lernprobleme haben, sollten die Eltern so lange wie nötig die Hausaufgaben überwachen. Hier müssen eventuell Kompromisse gemacht werden. Das Kind sollte zügig die Arbeiten erledigen, ohne daß auf ein mehrmaliges Wiederholen mißlungener Aufgaben bestanden wird. Es muß genügend Zeit zum Spielen bleiben. Auch hier sind feste Absprachen mit dem Kind erforderlich, die sich nach seinem Alter richten. Hält sich das Kind nicht an die Vereinbarung, muß eine vorher bekannte Konsequenz folgen, z.B. bei Zuspätkommen Entzug einer angenehmen Tätigkeit, und dies dann ohne lauten Kommentar, aber auch ohne Rücknahme der angedrohten Maßnahme.

Ein häufiges Problem im häuslichen Umgang mit schwierigen Kindern ist, daß sich die Erwachsenen »hochspulen«, laut oder gar handgreiflich werden und damit ihre Schwäche in dieser Situation zeigen. Es ist kein Wunder, daß Kinder sich dann als die Starken aufführen und ihren Willen immer ungebremster durchsetzen. Statt dessen sollten Eltern ihr impulsives, widerspenstiges Kind ruhig und bestimmt dazu auffordern, das gemeinsame Wohnzimmer zu verlassen, bis es sich beruhigt hat. Der Erwachsene muß der Überlegene sein, damit sich das Kind bei ihm sicher fühlen kann.

> Bei nichtaggressivem Verhalten sollte dagegen mit Lob und angemessener Belohnung nicht gespart werden.
> Die positive Bekräftigung von erwünschtem Verhalten ist wichtig, um den Lernerfolg zu festigen.

Eltern müssen mit Hilfe des Therapeuten lernen, bestimmte Zusammenhänge besser zu verstehen und für sich selbst Strategien zu entwickeln. Nicht alle Konflikte sind lösbar, mitunter sind Kompromisse unvermeidlich. Entschließt man sich zu einem Kompromiß, z.B. im Interesse des Kindes, dann muß man sich auch künftig damit identifizieren und kann nicht unentwegt dem Kind die »Schuld« für diese Entscheidung geben. Ein Schulkind, das ja schon eine Lebensgeschichte hat, wird auch von Therapeuten nicht neu gebacken. Es muß so wie es ist als Produkt aller möglichen Einflüsse genommen und geliebt werden. Bemühen Sie sich, ihr Kind anzunehmen! Bei familiären Krisen muß gemeinsam mit dem Therapeuten geprüft werden, ob eine **Familientherapie** durchführbar ist. Voraussetzung dafür ist, daß alle Familienmitglieder dazu bereit sind, die zeitlich aufwendigen und oft strapaziösen gemeinsamen Sitzungen zu akzeptieren. Das ist dann empfehlenswert, wenn das auffällige Kind »gebraucht« wird, um familiäre Spannungen abzuleiten.

Die **Therapie der Kinder** ist als Verhaltenstraining am wirksamsten, unabhängig von den Ursachen. Je älter das Kind ist, desto mehr muß es selbst sein Verhalten steuern lernen, notfalls auch in der alten Umgebung. Mit den Kindern wird einzeln, später in Gruppen ihr Verhalten analysiert. Dazu führen sie ein Tagebuch, in das sie alles Wichtige in bezug zu den Eltern, Geschwistern und Klassenkameraden eintragen. Unterstützen kann man die Bewertung von Situationen, wenn kleine Geschichten mit typischen Verhaltensweisen als Video gezeigt werden. Dann kann man im Rollenspiel ähnliche Situationen wiederholen. Das Kind merkt nun – zumindest in der geschützten Atmosphäre beim Therapeuten –, wie sein Verhalten auf andere wirkt. Nun kann es versuchen, dies zu korrigieren. Durch solche Übungen mit anderen Kindern, in denen es »soziale Kompetenz« trainiert, wird das Kind auch sicherer im Umgang mit Gleichaltrigen und kommt allmählich aus der Außenseiterrolle heraus. Hierbei spielt das System der Belohnung eine wichtige Rolle, wie ich es bereits im Kapitel über das überaktive Kind ausführlich beschrieben habe (s. Seite 70ff.)

Zur Unterstützung ruhiger, besonnener Reaktionsfähigkeit werden **Entspannungstechniken** geübt, wie z.B. progressive Muskelentspannung oder autogenes Training. Natürlich hängt der Erfolg solcher aufwendigen Therapien davon ab,

- wie motiviert das Kind ist,
- wie es von den Eltern unterstützt wird und
- wie diszipliniert die Eltern selbst ihre Begleittermine beim Therapeuten wahrnehmen.

Schließlich spielen auch die Intelligenz und das Lernvermögen des Kindes eine Rolle. Problematisch bleibt es bei noch relativ jungen Kindern, wenn deren Eltern nicht bereit und in der Lage sind, ihre Beziehungen und damit ihr Verhalten miteinander und zum Kind zu ändern. Die Gründe sind vielfältig, sei es, weil sie psychisch gestört, krank, dissozial sind oder ihrem Kind weiterhin ambivalent gegenüberstehen.

Ist ein Kind schon so stark antisozial geprägt, oder kommt es aus dem Einfluß einer Clique nicht heraus, ist eine Therapie im bisherigen Umfeld nicht sinnvoll. Bei massiven Störungen ist eine längerdauernde stationäre Psychotherapie zu empfehlen, da hier Möglichkeiten einer intensiveren Einflußnahme auf das gesamte Verhalten des Kindes bestehen. Gleichzeitig bringt eine vorübergehende Trennung von den Bezugspersonen allen Beteiligten Entlastung und bessere Möglichkeiten für einen Neubeginn der Beziehungen.

Nägelbeißen

Bei kürzlich durchgeführten Untersuchungen von 12- bis 14jährigen Kindern in einer Lernbehindertenschule (LBS) stellte ich mit Erstaunen fest, daß etwa ein Drittel von ihnen abgebissene Nägel hatte; teilweise war das Nagelbett entzündet. Einige gestanden mir, daß sie schon mehrere Versuche unternommen hatten, die Nägel nachwachsen zu lassen, da es ihnen der Freundin oder dem Freund gegenüber peinlich sei. Sie hätten es aber noch nicht geschafft.

Fallbeispiel Janine, 13 Jahre alt, sechste Klasse der Lernbehindertenschule (LBS), ist ein stilles, etwas ängstliches Mädchen. Sie stottert seit ihrem fünften Lebensjahr. Damals gab es eine heftige Ehekrise der Eltern; der Vater war dann zu einer Freundin gezogen, nach einem Jahr aber wieder nach Hause zurückgekehrt. Die Ehe sei jetzt einigermaßen harmonisch.

Der Kindesvater neigt zu spontanen, unüberlegten Handlungen. Er sei auch im Betrieb poltrig, wisse oft nicht, wann er genug getrunken habe, und raste dann leicht aus. So habe er auch schon unter Alkoholeinfluß seine Frau und Janine geschlagen. Er ist mit 16 Jahren nach mehrmaligen Klassenwiederholungen aus der achten Klasse ausgeschult worden. Eine Lehre hat er nicht abgeschlossen.

Die Mutter hat eine Hilfsschule besucht. Sie sei schon immer ein stiller, verträglicher Mensch gewesen. Sie versucht, die Familie, zu der noch zwei jüngere Kinder (zehn und sechs Jahre) gehören, zusammenzuhalten, ist damit aber überfordert.

Der zehnjährige Bruder war wegen Einnässen und Nägelbeißen in kinderpsychiatrischer Behandlung. Er besucht eine Regelschule. Die sechsjährige Anja leidet an einem endogenen Ekzem und hat oft fieberhafte Infekte, so daß häufig Arztbesuche erforderlich sind. Haushalt und Kinder liegen ausschließlich in der Hand der Mutter. Da das Geld nie für das Nötigste reichte, nahm sie schon vor Jahren eine Halbtagsstelle als Reinigungskraft an. Wenn die Kinder aufstehen müssen, ist sie bereits zur Arbeit.

Janine kam zunächst auf eine Regelschule. Da sie kaum sprach und, wenn sie etwas sagte, heftig stotterte und von den Mitschülern gehänselt wurde, schulte man sie in der zweiten Klasse in eine Sprachheilschule (SHS) um. Die schlechten Leistungen hatte man als Folge der Schulängste gesehen. In der Sprachheilschule mit nur zehn Klassenkameraden, die auch alle stotterten, und einer erfahrenen Pädagogin begann sie sich wohler zu fühlen. Sie sprach flüssiger, wurde aufgeschlossener. Die Lehrerin merkte jedoch bald, daß das Mädchen große Probleme im Erfassen und logischen Anwenden von Unterrichtsstoff hat. Auch in der Gruppe gab es Spannungen, weil Janine allgemein übliche Regeln im Umgang miteinander und bei Spielen nicht verstand und so gegen Gruppennormen verstieß.

Da Janine gern in dieser Klasse bleiben wollte und auch die Mutter gegen einen erneuten Schulwechsel war, blieb sie ein weiteres Jahr in dieser Schule. Das sensible Mädchen litt aber zunehmend unter den Mißerfolgen, weinte oft in der Klasse und zu Hause und knabberte heftig an den Nägeln. Die Mutter schimpfte in dieser Zeit oft mit ihr und machte ihr Vorwürfe wegen der schlechten Noten. Dann mußte Janine nachmittags lernen, statt spielen zu dürfen. Von der vierten Klasse ab besuchte sie eine Schule für Lernbehinderte. Sie hängt sehr an der Lehrerin und freut sich über jedes Lob. Die Noten sind durchschnittlich. Sie hat jetzt auch eine Freundin, mit der sie oft nachmittags zusammen ist und deren Hund von ihr abgöttisch geliebt wird.

Das Nägelbeißen ist aber immer noch vorhanden. Besonders nachmittags, wenn sie über den Schularbeiten sitzt, beim Fernsehen, aber auch im Unterricht knabbert sie. Es sei wie eine Sucht. Sie wolle schöne lange Nägel haben. Sie finde rotlackierte Nägel chic, das gehe aber nicht bei ihren schlimmen Fingern. Obwohl sich Janines Lebensbedingungen stabilisiert haben und sie nicht mehr überfordert und unglücklich ist, beißt sie weiterhin ihre Nägel ab.

Das ist oft der Fall. Je länger eine Gewohnheit oder überhaupt ein unerwünschtes Verhalten besteht, desto schwerer ist es, davon wieder loszukommen. Dagegen verliert sich eine Gewohnheit, die erst seit kurzem besteht, oft von selbst. Man kann das so erklären:

Ein Kind ahmt einen Vorgang nach, den es gesehen oder den man ihm gezeigt hat, z.B. das Aufräumen der Spielsachen nach einem bestimmten Ordnungsprinzip. Lobt die Mutter das Kind immer wieder und zeigt ihm, daß auch das Aufräumen Spaß machen kann, wenn jedes Spielzeug wieder seinen Platz gefunden hat, wird es dem Kind nach und nach zur Gewohnheit. Man nennt das **positive Bekräftigung.** Ein Verhalten automatisiert sich und schleift sich ein. Das gleiche geschieht, wenn die Mutter das Kind tadelt oder wenn sie traurig ist, weil es die Spielsachen nicht weggeräumt hat. Oder: Zeigt man einem Kind, wie Kleidungsstücke ordentlich weggelegt werden und lobt man es immer wieder, wie aufgeräumt es in seinem Zimmer aussieht, wird diese Handlung zu einem festen Verhaltensrepertoire ebenso wie z.B. bestimmte Tischgewohnheiten. Hat sich ein Kind etwas angewöhnt, das den Eltern nicht gefällt – gebraucht es vielleicht unziemliche Wörter oder wirft sich schreiend auf den Boden, wenn ein Wunsch nicht erfüllt wird –, dann sollte das möglichst bald wieder »ausgeschliffen« werden. Oft reicht es schon, wenn das Kind durch das Nichtbeachten seines Schreiens oder durch einen mahnenden Blick deutlich spürt, daß sein Verhalten der Mutter nicht gefällt.

> Solches Lernen findet täglich in jeder Familie statt. Auf diese Weise werden dem Kind bestimmte gesellschaftliche Normen vermittelt, die für das Zusammenleben in einer Gemeinschaft nötig sind.

Ebenso ist es mit Angewohnheiten wie dem Nägelbeißen. Es beginnt als ein Vorgang, der oft einer Entladung von Spannung dient. Ist diese Spannung nach wenigen Tagen gelöst, weil das Kind vielleicht durch andere, schöne Erlebnisse abgelenkt wird oder weil es durch eine andere Umgebung und gemeinsame Unternehmungen im Urlaub so beansprucht ist, daß es vergißt, an den Nägeln zu knabbern, dann war es eine kaum bemerkte Episode. Das Verhalten konnte sich noch nicht automatisieren. Bestehen aber Spannungen, Ängste und Unausgeglichenheit über längere Zeit, dann setzt das Kind seine entspannende, ihm angenehme Beschäftigung mit seinen Nägeln fort, auch wenn es sich dadurch Schmerzen zufügt. Ähnlich ist es bei anderen schmerzhaften Angewohnheiten wie Haareausreißen, Aufpolken von Schorf, Kratzen usw.

Dafür gibt es auch noch eine andere Erklärung. Sie besagt, daß es sich dabei oft um Kinder handelt, die zu wenig Anregungen bekommen und mit denen sich niemand beschäftige. Oft kapseln sie sich von der Umwelt ab (Autisten, geistig Behinderte, Mißbrauchte) und aktivieren sich durch den Schmerz. Er wird von ihnen als angenehm, ja sogar als lustvoll empfunden. Manche Wissenschaftler sehen darin auch eine Wurzel für späteres sadomasochistisches Verhalten. Daß Kinder sich Schmerzen zufügen, weil sie sich selbst bestrafen wollen, wurde von mir nur äußerst selten festgestellt.

Fallbeispiel Oliver ist ein zwölfjähriger intelligenter Junge, der schon seit der Säuglingszeit nervös und überlebhaft ist. Er schlief damals keine Nacht durch, schrie viel, spuckte beim Essen. In der Kleinkindzeit nervte er seine Eltern, weil er nie stillsitzen konnte und immer dazwischenplapperte, wenn Besuch da war. Auch in den ersten Schulklassen war er ein sehr anstrengendes Kind. Er spielte und zappelte viel herum und sprach auch in der Klasse ständig dazwischen. Seine Leistungen waren nur durchschnittlich, in den schriftlichen Arbeiten eher schlecht aufgrund vieler Flüchtigkeitsfehler. Dabei hat er es mit Hilfe seiner Eltern nach kinderpsychiatrischen Beratungen gelernt, sich auf eine Sache zu konzentrieren und alles andere, das ihn stört und aus dem Konzept bringt, erst einmal zu ignorieren.

Sein Vater ist leitender Wissenschaftler an einem Forschungsinstitut. Er schildert sich als lebhaftes, quirliges Kind. Er habe dann viele Jahre intensiv Volleyball gespielt. Vielleicht habe er sich dabei abreagiert. Die Mutter ist Ärztin. Die Seele in der Familie, der Anlaufpunkt für Oliver und seinen sechzehnjährigen Bruder, ist die Oma. Die Mutter der Mutter lebt im gleichen Haus in einer separaten Wohnung. Seit dem Tode ihres Mannes vor zehn Jahren ist die Familie ihrer Tochter ihr Lebensinhalt.

Oliver besucht das Gymnasium. Er hat eine rasche Auffassungsgabe und eine scharfe Logik, einen treffsicheren Witz. Aber mal vergißt er eine Frage zu beantworten, mal verpaßt er einen Termin, dann hat er eine Menge Flüchtigkeitsfehler im Aufsatz. Obwohl ihm das keiner zum Vorwurf macht, ärgert es ihn; er ist sehr ehrgeizig. Seit Beginn der Schulzeit beißt und polkt er an seinen Nägeln, besonders wenn er an seinem Computer sitzt, aber auch beim Musikhören oder Fernsehen. Eine Zeitlang hat er auch vor dem Einschlafen geschaukelt.

Körperschaukeln

Besucht man gelegentlich Kinderheime, kann man Kinder jeden Alters beobachten, die still in einer Ecke sitzen und mit dem Kopf (med. Jactatio capitis) oder mit dem ganzen Körper (med. Jactatio corporis) schaukeln. Mitunter vollführen sie diese Schaukelbewegungen auch im Stehen. Sie machen dabei einen zufriedenen, leicht abwesenden, oft sogar entspannten Eindruck. Und doch ist es Ausdruck einer nervösen Spannung, eines psychischen Druckes, der damit entladen wird.

Am häufigsten schaukeln Kinder vor dem Einschlafen. Manche bewegen nur den Kopf hin und her, andere bewegen sich in Knie-Ellenbogen-Lage. Oft merken es die Eltern nur dann, wenn aus dem ruhigen Schaukeln ein Schlagen des Kopfes wird. Das kann bis zu blauen Flecken oder sogar blutigen Stellen führen.

Fallbeispiel Stefanie, ein zehnjähriges Mädchen, wurde mir von der Mutter vorgestellt, weil sie sich schon mehrfach die Stirn am Bettgestell blutig geschlagen hatte. Zudem gab es Beschwerden der Nachbarn, weil das allabendliche rhythmische dumpfe Schlagen durch die dünnen Wände drang.

Die Mutter, eine 48jährige Krankenschwester, hatte Stefanie erst als Nachzüglerin geboren, nachdem ihre beiden »Großen« schon 18 und 16 Jahre alt waren. Bei der Fruchtwasseruntersuchung hatte man eine Chromosomenanomalie (Trisomie 21 oder Morbus Langdon-Down) festgestellt. Die Mutter entschloß sich damals, dieses Wunschkind auszutragen, obwohl sie aus ihrer beruflichen Tätigkeit wußte, wie schwierig der Alltag mit einem geistig behinderten Kind ist. Leider zerbrach die Ehe an diesem Kind, so daß sie nun, nachdem auch die älteren Kinder aus dem Haus sind, mit Stefanie allein lebt. Ihren Kolleginnenkreis im Krankenhaus mußte sie verlassen, da Schichtarbeit nicht mehr möglich war.

Stefanie entwickelte sich gut, verglichen mit anderen Kindern, die unter der gleichen Anomalie leiden. Die Mutter las viel über die Krankheit und über den Umgang mit diesen Kindern. Sie ging mit Stefanie zum Turnen, trainierte die große Zunge mit einer Kieferplatte und gab sie mit drei Jahren in einen Kindergarten. Leider hat Stefanie auch einen Herzfehler, und sie war von klein auf sehr häufig krank. Als vor zwei Jahren der größere Bruder das Studium beendet hatte und fortzog, begann Stefanie wieder einzunässen, hatte oft Angstträume und vollführte die abendlichen Schaukelbewegungen. Obwohl sich die Mutter viel Zeit für sie nimmt, war der Verlust des Bruders, der eine sehr enge Beziehung zu ihr hatte, nicht zu ersetzen.

Stefanie besucht ganztags eine Schule für Geistigbehinderte. Aber von den Kindern in der Nachbarschaft wird das kontaktfreudige Mädchen leider nicht akzeptiert. Oft kommt sie weinend zur Mutter, wenn man sie beiseite schiebt oder gar ärgert. Stefanie ist durch ihre geistige Behinderung ständig überfordert. Dadurch entstehen leicht nervöse Erscheinungen, wie in diesem Fall das Körperschaukeln. Daher ist es auch schwierig, Stefanie diese Angewohnheit wieder abzugewöhnen, weil das Bedingungsgefüge nur begrenzt veränderbar ist. Die Familie besteht nur noch aus der Mutter, die aber vernünftig und mit Hingabe dieses Kind erzieht.

Nachdem die Mutter die letzten zwei Stunden, bevor Stefanie zu Bett geschickt wurde, ausschließlich ihr widmete und zum Einschlafen gemeinsam klassische Musik gehört wurde (am liebsten Mozart), wurde das Schaukeln sehr viel seltener und weniger heftig. Anfangs blieb die Mutter noch im Raum, bis Stefanie eingeschlafen war.

Fallbeispiel Marc ist ein achtjähriger, schmächtiger kleiner Junge, blaß, mit Augenringen und einem ernsten Ausdruck. Er lebt seit 18 Monaten in einer Pflegefamilie, die ihn auch adoptieren will. Vorher war er seit seinem dritten Lebensjahr in einem Heim, da ihn die alleinerziehende Mutter völlig vernachlässigt hatte. Bei ersten Kontakten der Pflegemutter mit Marc im Heim wirkte der hübsche Junge schüchtern. Er saß oft schaukelnd in einer Ecke, spielte kaum mit anderen Kindern und sprach wenig. Er hatte noch eine Kleinkindsprache und beherrschte die Grammatik schlecht. Marc hatte erst im Heim mit 3,5 Jahren laufen gelernt und blieb zurückhaltend in seinen Bewegungen. Er wirkt auch heute noch ungeschickt. Da er noch immer sehr ängstlich ist, gibt es auch Probleme mit dem Fahrrad und mit Schwimmversuchen.

Die Pflegemutter, eine 35jährige, sehr liebevolle Frau, die seit Marcs Aufnahme in die Familie nur noch vormittags in einem Geschäft die Buchführung macht, hat einen sehr herzlichen Kontakt zu ihm aufgebaut. Er besuchte einen Kindergarten bis mittags. Nachmittags gab es viel aufzuholen. Die Mutter organisierte eine etwas jüngere Spielgefährtin. Oft las sie ihm Märchen vor, ging mit ihm in den Zoo usw.

Es zeigte sich, daß er eine gute Auffassungsgabe hat. In der liebevollen Umgebung hat er sich auch in seinem Verhalten geändert: Die Schaukelphasen traten seltener auf. Er mag zwar nach wie vor keine größeren Kindergruppen mit viel Lärm und Unruhe, aber mit ein oder zwei Kindern spielt er gern, fühlt sich allerdings oft übervorteilt und zieht sich bei Meinungsverschiedenheiten zurück. Er ist mit knapp 7,5 Jahren eingeschult worden, ist noch etwas verträumt, auch der Kleinste in seiner Klasse und sehr zart. Seit drei Monaten hat er einen Hamster, um den er sich rührend kümmert. Marc schläft sehr schwer ein. Er spricht auch nicht von sich aus über die Probleme des Tages. Da er sehr am Pflegevater hängt, wartet er immer sehnsüchtig, daß er rechtzeitig kommt, um ihn zu Bett zu bringen. Das ist jedoch wegen mancherlei Verpflichtungen nicht immer möglich, und es gibt auch mal ein Versprechen des Vaters, das nicht gehalten werden kann. An solchen Tagen ist das Schlafen besonders unruhig, und das Schaukeln, das am Tage kaum noch auftritt, ist abends nach wie vor zu beobachten.

Für Kinder hat Schaukeln oder Wiegen etwas Beruhigendes, so wie es der Säugling im Arm der Mutter genießt. Seit alters her wiegt man ein Kind in den Schlaf. Die Wiege oder heute das leise Bewegen des Kinderwagens sollen einem Kind Harmonie und Geborgenheit vermitteln. Man nimmt an, daß hier »Erinnerungen« an das vorgeburtliche Leben eine Rolle spielen, als man weichgebettet mit der Mutter durch die Welt schaukelte.

> Das Schaukeln ist also eine harmlose, für das Kind angenehme und beruhigende Angewohnheit. Eine Behandlung ist in den meisten Fällen überflüssig oder sollte sich auf die Analyse der bedingenden Faktoren konzentrieren, die aber nicht immer veränderbar sind. Bleibt dieses Schaukeln auch nach einer Harmonisierung der Lebensbedingungen bestehen, sollte man es dabei belassen, solange keine Verletzungen auftreten.

Der Tic

Da blinzelt ein Kind, obwohl die Sonne gar nicht scheint. Ein anderes schneidet Grimassen, und der neue Lehrer glaubt, es wolle ihn ärgern. Ein drittes stößt gurrende oder pfeifende Laute aus und wird deshalb von den Mitschülern mit entsprechenden Tiernamen belegt und nachgeäfft. Man bezeichnet diese – meist nervöse – Erscheinung als Tic.

Wie kann sich ein Tic äußern?

Am häufigsten sind der Blinzeltic und das Grimassieren, gefolgt vom Kopfwerfen und Schulterzucken. Es sind dies die einfachen **motorischen Tics**. Komplexe motorische Tics können jede Art von Bewegung nachahmen, also z.B. im Kreis herumwirbeln, hüpfen, in die Hände klatschen, Trippelbewegungen durchführen.

Sehr vielfältig sind auch die **vokalen Tics,** also solche mit Lautäußerungen. Da wird gegrunzt, geräuspert, geschnüffelt, gebellt, geschnalzt oder gezischt. Aber auch ganze Wörter werden ausgestoßen, seien es bekannte oder selbst produzierte. Von Koprolalie (Kotsprache) spricht man dann, wenn es sich um »unanständige«, unannehmbare Wörter handelt, die oft auch gar nicht zum sozialen Profil dieses Kindes passen.

Eine besonders komplexe, chronische Sonderform wird als **Tourette-Syndrom** (nach dem Pariser Neurologen Gilles de la Tourette, dem Erstbeschreiber der Erkrankung, 1857 bis 1904) bezeichnet. Hier wird eine organische Ursache vermutet.

Nach unterschiedlichen Erhebungen haben 5 bis 24 Prozent aller Kinder irgendwann einmal »getict«. Viele von ihnen haben eine solche Störung bereits im Vorschulalter mal für ein paar Tage oder Wochen gezeigt und sie dann wieder verloren. Die gleichen Erscheinungen (oder auch andere) können sich aber auch in besonders belastenden Situationen wiederholen oder sogar bestehen bleiben.

Ein Tic ist für das betreffende Kind sehr belastend, weil es in der Umgebung auffällt und deshalb meist gehänselt wird. Oft wird es auch ausgeschimpft, weil man glaubt, es wolle andere ärgern. Mitunter können diese vielfältigen Erscheinungen tatsächlich aus einer Angewohnheit entstanden sein. Da war das Haar so lang, daß es oft ins Gesicht hing und durch eine Kopfbewegung zurückgeworfen wurde. Aus einer leichten Reizung der Augenbindehaut oder durch starke Sonneneinstrahlung kann ein Blinzeln entstanden sein usw. Solche Bewegungen werden automatisiert und bestehen fort, auch wenn sie keine sinnvolle Funktion mehr erfüllen: sie haben sich verselbständigt. Unbewußte Nachahmung kann ebenfalls eine solche Bewegung in Gang gesetzt haben.

Oft ist der Tic aber auch da, ohne daß solche Zusammenhänge erkennbar sind. Er beginnt in Zeiten starker psychischer Belastung des Kindes, z.B. beim Eintritt in den Kindergarten, während einer Trennung von der Mutter oder während einer Konfliktphase in der Familie, die mit heftigen Auseinandersetzungen in der Umgebung des Kindes ausgetragen wurde.

Diese Palette ließe sich beliebig fortsetzen.

> **Auch hier gilt:** Die Stabilität des Kindes gegenüber jeglichen Umweltereignissen spielt eine große Rolle. Ein sehr sensibles Kind reagiert eventuell schon bei geringen Frustrationen oder Anforderungen mit einem Tic, ein anderes übersteht härteste Bedingungen ohne ein äußeres Symptom.

Eine weitere Frage ist, wieso das eine Kind auf eine Belastung mit einem Tic, ein anderes mit Einnässen und ein drittes mit Ängsten antwortet. Viele Menschen haben ein Organ, das bei psychischer Belastung besonders reagiert, in seinen Funktionen leichter zu stören ist als andere Organe (s. auch Kap. »Vegetatives Nervensystem«, Seite 23ff). Andere reagieren nicht mit körperlichen, sondern mit psychischen Symptomen.

Wichtig ist, daß ein Tic unwillkürlich auftritt, also meist nicht willentlich unterdrückt werden kann. Manche Kinder können aber ihre Tics, besonders wenn sie ihnen sehr unangenehm sind, eine kurze Zeit hinausschieben. Es entsteht dann aber eine zunehmende Spannung, die auf Entladung drängt.

Fallbeispiel Andreas hat seit seinem vierten Lebensjahr gelegentlich Zeiten, in denen er schnüffelt. Oft bestanden Zusammenhänge mit fieberhaften Erkrankungen, von denen er sich stets nur langsam erholt. Er ist dann schnell ermüdbar und leicht gereizt. Als er in die Schule kam, verstärkte sich diese Angewohnheit, obwohl er von Anfang an gern in die Schule ging und leicht lernte. Da er sehr ehrgeizig ist und immer der Beste sein will, überfordert er sich. Die Überanstrengung äußert sich darin, daß ungewollt Wörter ausgestoßen werden wie »alte Sau« usw. Andreas ist entsetzt, schämt sich und versucht, es zu unterdrücken. Dabei gerät er in noch stärkere Spannungen, die ihn viel Kraft kosten. Er könne sich dann gar nicht mehr konzentrieren. In den Pausen stehen immer einige Jungen, aber auch Mädchen in seiner Nähe, um sich über seine obszönen Wörter zu amüsieren.

Der Zwölfjährige ist ein normal proportionierter Junge. Außer vermehrten vegetativen Zeichen wie kalten, schweißigen, leicht zitternden Händen und sehr lebhaften Reflexen bestehen keinerlei körperliche Symptome. Er wird als sehr sensibel, leicht kränkbar, etwas rechthaberisch geschildert. Er halte sein Zimmer, das er allein bewohnt, sehr sauber. Er sei geradezu pingelig, und es gebe mitunter Streit mit dem jüngeren Bruder, wenn dieser in seinem Zimmer war. Er spiele oft mit seinem Freund an dessen Computer. Da er nicht besonders geschickt ist, geht er sportlichen Betätigungen aus dem Weg. Abends brauche er oft fast eine Stunde, um einzuschlafen. Das habe sich in letzter Zeit verstärkt, da er über seinen Tic grübeln müsse. Schulisch gibt es keine

Probleme. Er gehört auch auf dem Gymnasium zu den leistungsstarken Schülern. Andreas ist sehr motiviert, diesen Tic wieder loszuwerden. Er möchte dafür alles tun, was ich mit ihm besprochen habe. Geplant wurde eine Verhaltenstherapie, die gerade mit Protokollen zur Selbstbeobachtung begonnen wurde. Ein Medikament erhält er bereits. Verschwunden ist der Tic damit aber nicht, jedoch sei die Spannung geringer geworden, wenn er die Lautäußerungen zu kontrollieren versucht.

Behandlung eines Tics

Die Behandlung eines Tics ist schwierig und oft langwierig, besonders dann, wenn er schon länger vorhanden ist. Die erste Frage ist, ob überhaupt die **Notwendigkeit einer Therapie** besteht. Existiert eine Störung erst über einen kurzen Zeitraum, ist die Chance groß, daß sie wieder von selbst verschwindet, vorausgesetzt, die auslösenden Bedingungen sind nicht mehr wirksam. Deshalb werden zunächst – gemeinsam mit dem Kind und seinen Eltern – die Faktoren zusammengetragen, die den Tic mutmaßlich bedingen. Meist reicht es bei einer erst kurze Zeit bestehenden Ticstörung aus, diese Bedingungen so weit wie möglich zu verändern.

Die häufigste Ursache ist ein Mißverhältnis zwischen der Leistungsfähigkeit bzw. Belastbarkeit des Kindes einerseits und den realen Anforderungen auf der anderen Seite. Verschärft wird dieses Mißverhältnis durch den unrealistischen Anspruch, den manche Eltern ihrem Kind gegenüber haben, oder durch den Ehrgeiz und die Zwänge des Kindes selbst. Ist das Kind bereits durch einen normalen Schulalltag überfordert, dann müssen Möglichkeiten gesucht werden, die zu einem Ausgleich beitragen. Der Nachmittag sollte auf jeden Fall möglichst harmonisch gestaltet werden, so daß genügend Gelegenheiten für Spiel und Bewegung gegeben sind. Aber Sie sollten auch für Anerkennung und Erfolgserlebnisse sorgen, um die körperlichen und seelischen Kräfte des Kindes zu stärken. Natürlich muß auch das schulische Umfeld danach untersucht werden, ob vermeidbare Spannungen und Frustrationen bestehen.

Das Kind wird also zumindest stabilisiert, wenn an den äußeren Bedingungen wenig oder nichts geändert werden kann. Das gleiche trifft auf familiäre Belastungen zu: Ein sensibles Kind reagiert auf Auseinandersetzungen oder Spannungen zwischen den Eltern oder den Geschwistern mit nervösen Erscheinungen. Oft sind aber Konflikte nicht so einfach lösbar. Dann hilft auch hier eine **Stabilisierung** des Kindes.

Besteht der Tic schon länger und ist er störend oder sind daraus bereits Folgen entstanden, wie z.B. eine soziale Isolierung oder ständige Hänseleien, ist eine Therapie notwendig. Etwas ältere Kinder haben mitunter Mechanismen entwickelt, die Tic-Erscheinungen zu kaschieren, sie z.B. bewußt in Bewegungsabläufe einzubauen. Solche Selbstkontrollmechanismen sollten systematisch mit Hilfe eines Therapeuten weiterentwickelt werden.

Bei heftigen Tics ist es heute üblich, eine **medikamentöse Therapie** zu beginnen. Sie unterstützt weitere Therapien und kann häufig auf eine kleine Dosis reduziert oder vielleicht ganz abgesetzt werden, sobald ein verhaltenstherapeutisches Training wirksam wird.

Für eine **Verhaltenstherapie,** die eine längere enge Zusammenarbeit zwischen dem Kind, den Eltern und dem Therapeuten und auch Kraft und Ausdauer erfordert, muß vorher eine genaue Analyse der Bedingungen erfolgen. Ein Kind, das noch sehr klein ist oder das schon zu den alltäglichen Pflichten kaum bereit ist, wird eine solche Therapie nicht durchhalten.

Aber auch vielbeschäftigte Eltern, die ständig Therapietermine absagen (müssen), die auch zu Hause kaum Zeit haben, gemeinsam mit dem Kind zu üben, sollten sich den Mißerfolg ersparen, den ein Therapieabbruch bedeutet. Welche verhaltenstherapeutischen Maßnahmen eingesetzt werden, hängt natürlich vom Therapeuten ab. Es sollen hier wenigstens informativ einige genannt werden:

Beim **Selbstwahrnehmungstraining** lernt das Kind, sich selbst zu beobachten, die Häufigkeit und die Intensität seiner Ticsymptome zu beachten und auch die Situationen, in denen sie stärker auftreten. Bereits diese Phase der Therapie erzeugt oft Widerstand beim Kind, weil es bis dahin seine Symptome entweder kaum wahrgenommen oder verdrängt hatte. Es ist aber durchaus in der Lage, seine Tics wahrzunehmen, wenn es sich stark darauf konzentriert. Bei interessanten Spielen oder Gesprächen ist das schwerer und muß mit dem Therapeuten und parallel zu Hause geübt werden. Danach lernt es, die ersten Anzeichen einer nahenden Ticsäußerung herauszufinden (zunehmende Spannung und Unruhe), mit dem Ziel, den Tic zu verzögern oder Situationen, die auslösend wirken, zu meiden.

Parallel dazu hat es sich bewährt, daß ein **Entspannungsverfahren** erlernt und beherrscht wird. Dadurch werden Streß und Anspannung generell verringert. Die progressive Muskelentspannung nach Jacobson (s. Bernstein und Borkovec, Seite 137) und Atemtechniken gelten bei Kindern als besonders gut erlernbar. Das etwas schwerer erlernbare autogene Training (AT) sowie bildhafte Vorstellungen beruhigender Szenen eignen sich besonders gut zur Unterstützung der Selbstkontrolle.

Als sehr wirksam hat sich eine Methode erwiesen, mit der eine **motorische Gegenbewegung** zur Ticreaktion eingeübt wird. Das ist aber nicht so einfach, wie es klingt, denn diese Bewegung, die für einige Minuten aufrechterhalten bleiben sollte, muß möglichst unauffällig sein. So spannt man die Muskelgruppen an, die gegensinnig zur Ticbewegung arbeiten. Beim Blinzeltic hat sich ein systematisches Augenblinzeln bewährt; bei vokalen Tics müssen bestimmte Atemtechniken angewandt werden usw.

Schließlich ist es bei allen Behandlungen gut, Erfolge zu belohnen (zu »verstärken«). Das gelingt bei Kindern spielerisch mit symbolischen Werten, sog. Tokens, z.B. Chips, Pfennigstücken oder Bildchen. Bei einer festgelegten Anzahl können diese zu einer echten Belohnung führen, allerdings sollte sie eher in einer gemeinsamen Unternehmung als in materiellen Werten liegen.

Der letzte Schritt all dieser therapeutischen Bemühungen ist immer die **Generalisierung,** das heißt die erfolgreiche Anwendung des Gelernten im Alltag.

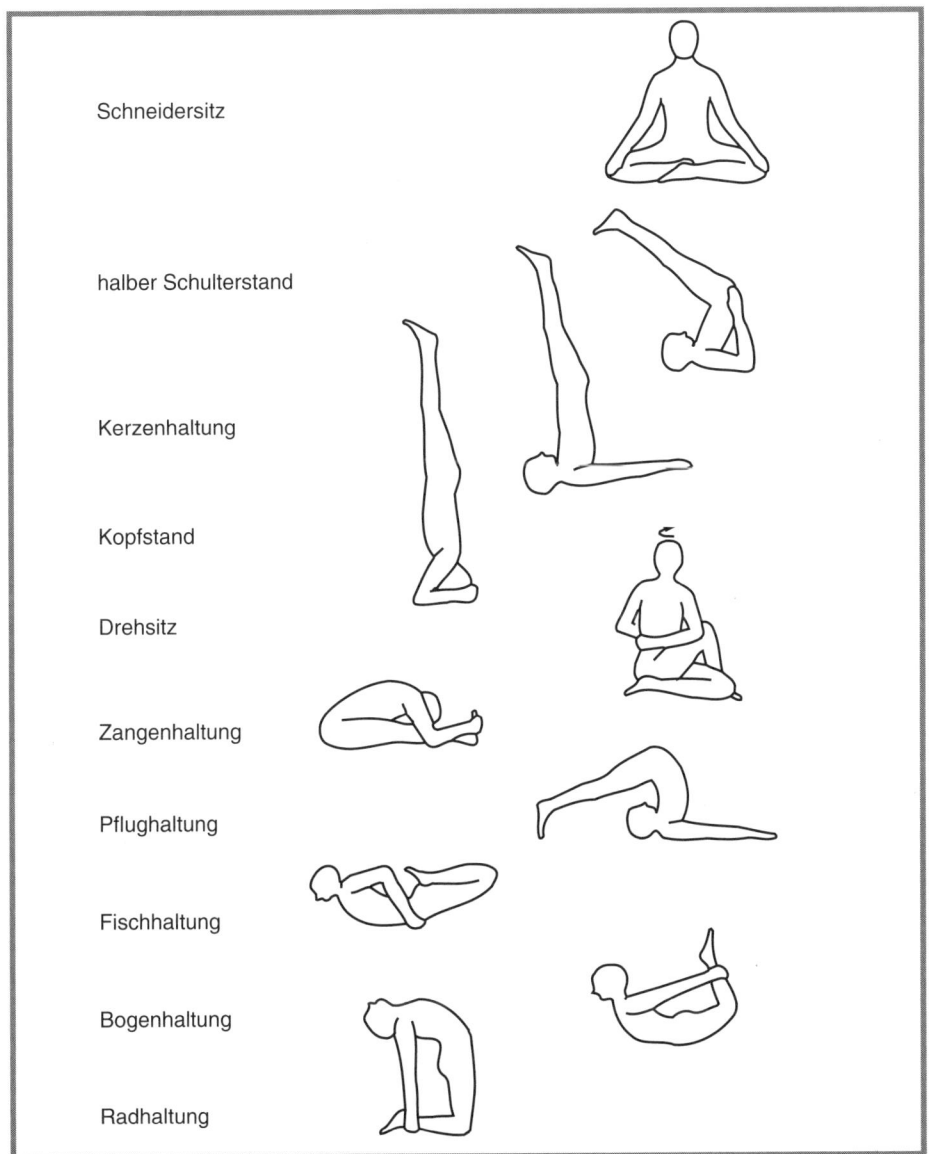

Schneidersitz

halber Schulterstand

Kerzenhaltung

Kopfstand

Drehsitz

Zangenhaltung

Pflughaltung

Fischhaltung

Bogenhaltung

Radhaltung

Yoga-Übungen für Kinder

Das geltungssüchtige Kind

Fallbeispiel Julia, ein 13jähriges Mädchen, wurde akut ins Krankenhaus gebracht. Sie hatte am Morgen das Bett nicht verlassen können, da beide Beine gelähmt waren. Die Eltern waren in großer Sorge. Der Hausarzt konnte nichts finden. Sie hatte am Vortag über keinerlei Beschwerden geklagt; auch ein Unfall war nicht erinnerlich. Bei der aktuellen Untersuchung bestanden weder Fieber noch irgendwelche Schmerzen. Julia wirkte auch nicht krank. Sie ließ alles sehr ergeben mit sich geschehen, war aber keinesfalls in ähnlicher Panikstimmung wie ihre Eltern.

Die Untersuchungen im Krankenhaus bis hin zur Computertomographie sowohl des Kopfes als auch der Wirbelsäule erbrachten normale Befunde. Man stand vor einem Rätsel, zumal auch die Reflexe bei der neurologischen Untersuchung mit der vollständigen Lähmung nicht zusammenpaßten. Schließlich verlegte man das Mädchen in die kinderpsychiatrische Abteilung, da nach Ausschluß organischer Ursachen nun die Psyche durchleuchtet werden mußte. Und siehe da: In einfühlsamen Gesprächen kam folgendes zum Vorschein: Am letzten Wochenende war Julia mit ihrer Freundin Andrea und deren Mutter zu Besuch bei deren Verwandten. Dort lernte sie den 25jährigen Markus kennen, der nach einem schweren Motorradunfall im Rollstuhl saß. Sie fand ihn sehr sympathisch, bewunderte und bedauerte ihn zugleich. Alle hätten sich sehr um ihn bemüht; er war der Mittelpunkt des allgemeinen Interesses. Sie habe danach an nichts anderes mehr denken können. Als das alles unter Tränen heraus war, wurde ihr erklärt, daß Kinder mit einer sehr starken Phantasie sich selbst in einen solchen Zustand versetzen könnten, ohne daß es ihnen ganz bewußt sei. Kurze Zeit danach machte sie, zunächst selbst staunend, ihre ersten unsicheren Gehversuche und konnte nach wenigen Stunden wieder ganz normal ihre Beine benutzen. Die Eltern waren überglücklich, als Julia ihnen entgegengelaufen kam.

Die Befragung der Eltern ergab, daß ihre Tochter schon im Vorschulalter durch ihre übermäßige Phantasie auffiel. Oft wußten sie nicht, ob die unglaublichen »wahren Begebenheiten«, die Julia im Kindergarten erlebt hatte, stimmten oder nicht. Sie waren überrascht, als sie merkten, daß sie oft selbst von ihren Geschichten überzeugt war und noch im Schulalter Phantasie und Realität nicht unterscheiden konnte. Sie steigerte sich regelrecht in diese »Erlebnisse« hinein, besonders dann, wenn sie merkte, daß man interessiert, vielleicht staunend, zuhörte. Häufig handelte es sich um Wunschphantasien. Beispielsweise berichtete sie aus der Schule, daß alle staunten, was sie als einzige zum Thema X wußte und daß der Direktor sie danach freundlich grüßte, oder daß alle ihr gegen eine unbeliebte Widersacherin halfen und sie ihrer Freundschaft versicherten.

Von den Klassenkameraden fanden einige sie toll, weil sie so faszinierend Geschichten erzählte und auch Streiche inszenierte, andere nannten sie »die Angeberin«. Und es war auch schon vorgekommen, daß sie andere verpetzt hatte, um sich hervorzutun, oder daß sie die Unwahrheit sagte, statt einen Fehler zuzugeben. Immer mußte sie im Mittelpunkt stehen. Die Lehrer beurteilten sie auch sehr unterschiedlich: Während sie eine jüngere Lehrerin durch Dazwischenreden und Besserwisserei (Konkurrenzgehabe) zur Weißglut trieb, war sie im Unterricht eines erfahrenen Lehrers völlig angepaßt, höflich, ja beflissen. Es kam auch vor, daß sie Mutters Geldbörse erleichterte, um ihre Mitschüler mit kleinen Aufmerksamkeiten zu erfreuen und so deren Gunst zu erhalten.

Kam sie in eine neue Gruppe Gleichaltriger, z.B. im Urlaub, versuchte sie sich durch auffallendes Verhalten hervorzutun. So erzählte sie umgehend, daß ihr Vater Professor sei (was stimmte) und daß die Mutter als berühmte Schauspielerin schon in Hollywood gefilmt habe (was nicht stimmte). Ein anderes Mal hatte sie aufgezählt, unter welchen schlimmen Krankheiten sie schon gelitten habe (was sie aus Schilderungen des Vaters aufgeschnappt hatte), die sie dann auch detailliert und sehr einprägsam darstellen konnte. Zunächst hingen alle an ihrem Munde und scharten sich um sie, aber nach kurzer Zeit hatte man sie durchschaut. Erfuhren die Eltern davon, beides geradlinige, warmherzige Menschen, die ihre Kinder liebevoll und recht konsequent mit festen Aufgaben und Absprachen erzogen, waren sie immer von neuem erstaunt über die »unnötigen Flunkereien«. Besonders die Mutter ist oft traurig, daß Julia – ganz im Gegensatz zu ihr selbst und zu ihrer drei Jahre älteren Schwester – ein eher oberflächlicher Mensch ohne tiefere Gefühlsschwingungen zu sein scheint, der schnell Bekanntschaften schließt und viel Wert auf Äußerlichkeiten legt, aber offensichtlich nicht in der Lage ist, mit Beständigkeit etwas zu pflegen und zu erhalten. Andererseits braucht Julia viel Zuspruch und Lob, weil sie oft an sich zweifelt, sich mit ihren Stärken und Schwächen nicht real einschätzen kann und im sozialen Bereich trotz ihres scharfen Verstandes unreif, also nicht ihrem Alter entsprechend, wirkt. Julia ist eine durchschnittliche Schülerin. Von den Lehrern wurde den Eltern wiederholt gesagt, daß sie sehr intelligent sei, aber Anstrengungen aus dem Wege gehe und etwas oberflächlich lerne. Mit mehr Fleiß könnte sie sich ihre ersehnte Anerkennung durch Leistung erwerben und brauchte dazu nicht ihre Extrakapriolen.

Sieht man von den eher seltenen akuten Symptomen wie der geschilderten Lähmung ab, sind die Verhaltensweisen, wie sie Julia zeigt, gar nicht so selten. Die Ursachen für ein geltungssüchtiges Verhalten sind vielfältig, meist kommen noch andere Eigenschaften hinzu:

- Geringe Anstrengungsbereitschaft
- Oberflächlichkeit
- Gute Anpassungsfähigkeit
- Hohe Beeinflußbarkeit
- Phantasie
- Leicht verletzbares, wenig stabiles Selbstbewußtsein

Zum einen können **mangelnde familiäre Bindungen** schon in der frühen Kindheit dazu führen, daß das Kind keine stabilen Beziehungen zu anderen Menschen aufbauen kann. Wenn die Eltern (oder auch nur die Mutter oder der Vater) sehr nach außen gewandt leben, wenn sie wegen vieler gesellschaftlicher Verpflichtungen, wegen Partnerschaften, in denen das Kind keinen Platz hat, oder wegen häufiger Abwesenheit durch Krankheit oder aus beruflichen Gründen das Kind nur oberflächlich in ihr Leben einbeziehen, so können sie ihm auch keine Sicherheit vermitteln. Wenn das Kind kein Vertrauen in die Bindung zu anderen Menschen erleben und aufbauen kann, ist es auch sich selbst gegenüber unsicher; es hat kein Selbstvertrauen.

So entwickeln sich bindungsschwache, selbstunsichere Kinder und später Erwachsene, die ihren Wert von ständig wechselnden Umweltreaktionen abhängig machen; daher versuchen sie, ihr Umfeld durch unbewußtes Rollenspiel (Theatralik) zu manipulieren und überall Aufmerksamkeit und Bestätigung zu erlangen. Im Erwachsenenalter treten sie oft auch sexuell verführerisch auf, was weniger durch wirkliche Appetenz entsteht, als vielmehr der Selbstwertbestätigung dient.

In unserem Fall traf das alles nicht zu. Beide Eltern hatten ihre Kinder mit viel Liebe umgeben. Die Mutter war einige Jahre nicht berufstätig und kompensierte damit sicher die Abwesenheit des Vaters, der abends oft später nach Hause kam. Der sehr kinderliebe Vater widmete sich aber besonders an den Wochenenden seiner Familie und spielte mit den Kindern. Die Familie wirkte insgesamt harmonisch. Auf die Frage, woher Julia denn wohl diese Verhaltensweisen haben könnte, meinte die Mutter lächelnd, daß sie einem Bruder des Vaters gleiche, der vor Jahren in die USA ausgewandert sei und den sie erst kürzlich bei einem Besuch in Amerika kennenlernt habe. Diese Ähnlichkeit erstaune sie immer wieder, zumal Julia diesen Onkel bisher nur aus Erzählungen kenne. Es kann also angenommen werden, daß es sich hier um eine Charaktereigenschaft handelt, die **familiär** disponiert ist. Bei stärkerer Ausprägung spricht man von einer Persönlichkeitsstörung.

Natürlich ist als weitere Entstehungsbedingung möglich, daß ein Kind in einer Familie aufwächst, in der es ein solches Verhalten erlebt. Ist das Verhalten, z.B. eines großsprecherischen Vaters, von Erfolg gekrönt, wird er dann auch noch von der Mutter als Vorbild hingestellt, von ihr bedingungslos geliebt, oder gelingt es ihm, trotzdem oder vielleicht dadurch (z.B. weil die Phantasie mit künstlerischer Begabung gekoppelt ist) soziale Anerkennung zu erringen, kann das Kind am Erfolg des Elternvorbildes lernen und dadurch unbewußt seine Verhaltensweisen nachahmen.

Was können Eltern tun, wenn ihre Kinder allzu geltungssüchtig sind?

Das hängt vom Ausmaß des Verhaltens ab und davon, ob das Kind gewisse Äquivalente dafür entwickeln kann. Jeder kennt den Spruch: »Wer angibt, hat mehr vom Leben.« Es ist also auch hier zu fragen: »Wen stört es? Wem schadet es?«

Ein gesundes **Geltungsbedürfnis** ist zu unterscheiden von **Geltungssucht**. Es ist wichtig, einem Kind Lob und Anerkennung zukommen zu lassen, wenn es etwas geleistet hat; dies gilt besonders, wenn es von der Natur benachteiligt wurde, sei es wegen seines Wuchses, seines Aussehens, seiner Geschicklichkeit oder sogar infolge eines Handicaps. Das können geringe Leistungen sein, vergleicht man sie mit anderen Gleichaltrigen. Vielleicht war aber die Mühe groß. Besonders wichtig ist das bei Kindern, die infolge ihrer geistigen Entwicklung im Kreise der Gleichaltrigen immer unterlegen sind und die Regeln nicht verstehen. Hier müssen die Erwachsenen regulierend eingreifen, auch wenn sich die Eltern nicht ständig in die Beziehungen ihrer Kinder mit Gleichaltrigen einmischen sollten.

Es kommt also darauf an, nach den Gründen des Geltungsstrebens zu suchen. Allerdings ist eine Veränderung des Verhaltens nur sehr schwer erreichbar, wenn bereits im frühen Kindesalter eine charakterliche Akzentuierung entstand oder Störungen der Eltern-Kind-Beziehung auftraten. Die Orientierung an festen, seit der frühen Kindheit geltenden und konstant beibehaltenen »Spielregeln« ist dabei ganz wichtig. So oft es geht, sind dem Kind die Folgen seines Verhaltens (eigener Nachteil statt vermeintliches Ansehen) klarzumachen. Da das demonstrative Verhalten oft eine Überkompensation der Unsicherheit ist, braucht es bei aller Konsequenz viel Wärme und Zuverlässigkeit. Das erfordert von Erwachsenen viel Energie, weil diese Kinder sehr anpassungsfähig und unerhört charmant sein können, um ein Ziel zu erreichen. Sehr problematisch ist es dann, wenn in einer Familie ein Erwachsener sehr unter dem Verhalten des Kindes leidet und sich Sorgen um die Zukunft macht, aber ein anderes Familienmitglied selbst ein ähnliches Verhalten wie das Kind hat, das dadurch ständig in Konflikten lebt und sich nicht orientieren kann.

Die stillen Schwierigkeiten

Kopfschmerzen

Fallbeispiel Peter, ein elfjähriger sehr blasser Junge, kommt mit der Oma zur Sprechstunde. Seine Mutter konnte ihn nicht wie geplant vorstellen, da sie gerade an einer heftigen Migräneattacke mit starker Übelkeit und Kreislaufbeschwerden litt. Die Großmutter berichtet, daß Peter wie seine Mutter unter Migräne leide. Übrigens hätten auch ihr Mann und seine Schwester, also Peters Großvater und Großtante, ähnliche Beschwerden gehabt. Beim Großvater seien die Attacken aber sehr selten aufgetreten.

Bei Peter bestehen Kopfschmerzen etwa seit dem fünften Lebensjahr. Anfangs habe man nicht an Migräne gedacht, da er sich im Kindergarten nur mal ein Stündchen hingelegt, dann aber wieder gespielt habe. Mitunter habe er selbst es der Mutter beim Abholen gar nicht erzählt. Die sehr nette Kindergärtnerin habe ihn, da er auch über das helle Licht geklagt habe, in ihren abgedunkelten Aufenthaltsraum gelegt. Wenn sie nach ihm sah, habe er ganz fest geschlafen. Seit der Schulzeit seien die Attacken allmählich heftiger geworden. Mitunter wache er schon mit starken Kopfschmerzen auf, die anfangs immer nur im rechten Schläfen- und Scheitelbereich seien. Ihm sei sehr übel, manchmal müsse er auch erbrechen. Er könne kaum die Augen öffnen, da das grelle Licht eine »richtige Qual« sei. Er sei an solchen Tagen noch blasser als sonst und habe starke Augenringe. Obwohl er sehr gern zur Schule gehe, sei er dazu nicht imstande. Die Mutter habe ihm dann ein halbes ihrer Migränezäpfchen gegeben und ihn im Bett gelassen. Nach zwei Stunden sei er »wie neugeboren« aufgestanden, habe dann auch ein kleines Frühstück essen und anschließend zur Schule gehen können.

Im letzten halben Jahr seien die Attacken aber mehrmals im Monat aufgetreten, mitunter am Vormittag in der Schule, aber auch zu Beginn von Reisen, auf die er sich besonders gefreut hatte oder einmal während eines Auftrittes mit seinem Orchester (er spielt Violine). Nun habe er darauf bestanden, daß »etwas passieren« muß.

Peter ist ein für sein Alter großer, sehr schlanker, brünetter Knabe mit blasser Haut und auffallend großen Pupillen. Er friere leicht und habe oft kalte Hände und Füße (»wie meine Mutter«). In der Schule habe er gute und sehr gute Noten. Er sitze oft über den Büchern, wolle alles ganz genau wissen und ärgere sich sehr, wenn er mal knapp eine bessere Note verfehlt hat. Und dann müsse er ja auch noch Geige üben. Das Instrument sei sein ausdrücklicher

Wunsch gewesen, da sein Schulfreund auch Violine spielen lernt. Er sei wenig an der frischen Luft, von Sport halte er auch nicht viel. Er sei zwar sehr geschickt, habe aber weniger Kraft als die meisten anderen.

Im beschriebenen Fall handelt es sich um **Kopfschmerzen,** die in unregelmäßigen Abständen immer wieder auftreten und sehr heftig sein können, aber immer auch ohne Behandlung wieder verschwinden. Zwischen solchen Kopfschmerzattacken, die man als Migräne bezeichnet, fühlen sich die Betroffenen wohl und sind vollkommen gesund und belastbar.

> Migräne kommt auch schon bei Kindern vor.

Epidemiologische Studien an mehreren tausend Schulkindern in Schweden und Großbritannien haben ergeben, daß bei den 7- bis 9jährigen 2,5 Prozent Migräne haben. Bei den 10- bis 12jährigen waren es 4,6 Prozent und bei den 13- bis 15jährigen 5,3 Prozent. Für das Erwachsenenalter werden in mehreren europäischen Studien um 10 Prozent angegeben.

Daß die Häufigkeit mit zunehmendem Alter ansteigt, geht zu Lasten der Mädchen. Während im Kindesalter etwa gleichviel Mädchen und Jungen Migräne haben, verlieren die meisten Jungen ihre Migräne in der Jugend, bei vielen Mädchen beginnt sie dagegen in der Pubertät oder auch noch später. Ich habe häufig Kinder in meiner Sprechstunde, bei denen erste Attacken bereits im Vorschulalter auftraten. Da der Beginn aber oft nicht so typisch ist wie bei den Erwachsenen, denkt man zunächst nicht an Migräne, selbst wenn – was häufig ist – bei den Eltern oder anderen Verwandten Migräne besteht. Wie die Migräne bei Säuglingen und Kleinkindern aussieht, beschreibe ich, wenn ich die unterschiedlichen Erscheinungsformen darstelle.

Ursachen

Die **Ursachen von Migräne** sind noch nicht vollständig erforscht. Bewiesen ist aber, daß es eine ererbte Bereitschaft (Disposition) zu zentralnervösen Regulationsstörungen gibt, die zu den typischen Symptomen einer Migräne führen.

Zu Beginn einer Attacke sind die Blutgefäße in bestimmten Hirnregionen enggestellt. Diese Hirnteile werden dadurch schlechter durchblutet und erhalten weniger Sauerstoff. Die Folge sind Symptome, die man als **Aura** bezeichnet: Noch bevor die Schmerzen beginnen, können z.B. Sehstörungen, Schwindelzustände, seltener auch Sprachstörungen, Kraftminderungen oder Taubheitsgefühl von Körperteilen auftreten. Danach werden die großen Hirngefäße sehr weit – infolge veränderter Konzentrationen wichtiger körpereigener Stoffe, die der Informationsübertragung innerhalb des Nervensystems dienen. Gleichzeitig verengen sich die Haargefäße (Kapillaren), sauerstoffreiches Blut gelangt nicht ausreichend ins Gewebe, sondern wird ungenutzt gleich wieder ins venöse System abgeleitet (sog. arte-

Die Überempfindlichkeit auf Lärm wird in »Alice im Wunderland« dargestellt. Der Autor Lewis Carroll litt selbst unter heftiger Migräne.

Forschung. Einige Wissenschaftler messen den sich zusammenballenden Blutplättchen (Thrombozyten) eine begünstigende Rolle zu, andere vermuten einen Freisetzungsfaktor für Serotonin, das im ganzen Bedingungsgefüge eine wichtige Rolle spielt.

Unabhängig von ihrer ursächlichen Bedeutung sind diese Veränderungen aber für die Therapie wichtig. Man kann nämlich diesen Störungen begegnen oder sie sogar verhindern, indem man Mittel einsetzt, die ausgleichend (kompensatorisch) oder dem Mechanismus entgegen wirken. Es ist aber zu vermuten, daß alle diese während einer Schmerzattacke nachweisbaren Veränderungen bereits Folgeerscheinungen sind und die eigentliche Ursache in einer zentralen Regulationsschwäche liegt.

In Gebieten des Zwischenhirns (Dienzephalon) werden die Grundfunktionen des Körpers gesteuert, wie z.B. Hunger/Sättigung, Kreislaufregulation, Schlaf-Wach-Rhythmus. Über viele Querschaltungen mit anderen Hirnzentren werden Signale zu den Körperorganen gesendet und von dort empfangen. Ein Hinweis darauf, daß nicht nur Funktionen der Blutgefäße behindert sind, sondern zentralnervöse, ist die Tatsache, daß bei vielen Menschen mit Migräne und mit gewöhnlichem Kopfweh weitere vegetative Grundfunktionen leicht gestört werden können.

riovenöse Kurzschlüsse). Die Gefäße werden durchlässig für Flüssigkeit, die sich nun vermehrt in der Umgebung der Gefäße anlagert und ein perivaskuläres Ödem bildet. Schließlich werden die Schmerzrezeptoren, die sich in den Wänden der Blutgefäße befinden, so in ihrer Empfindlichkeit verändert, daß sich die Schmerzschwelle verringert, also der Schmerz stärker empfunden wird. Diese und weitere komplizierte körperliche Veränderungen sind in Forschungszentren während der Migräneattacken vieler Menschen nachgewiesen worden. Wodurch sich dieser Mechanismus in Gang setzt, welches der Mosaiksteinchen überhaupt das entscheidende ist, ist noch Gegenstand der

Das Beschwerdebild

Der Begriff Migräne geht auf die Bezeichnung »Hemikrania« (Halbschädel) zurück, die von dem griechischen

Arzt Galen (129 bis 201) geprägt wurde. Der Begriff drückt die häufig beobachtete Halbseitigkeit der Schmerzen aus.

> Als Migräne bezeichnet man wiederkehrende zeitlich abgrenzbare Kopfschmerzanfälle von einigen Stunden (bis maximal drei Tagen) Dauer. Häufig werden sie begleitet von Übelkeit bis zum Erbrechen oder auch von Sehstörungen.

Unterstützt wird die Diagnose durch:
- Vorkommen von Migräne in der Familie,
- Einseitigkeit der Schmerzen,
- einen pulsierenden Schmerzcharakter,
- körperliche und psychische Begleiterscheinungen (sie sind aber nicht obligat).

Bei kleinen Kindern ist das Bild selten so typisch wie bei der klassischen Migräne Erwachsener. Die Attacken sind kürzer und weniger heftig. Sie äußert sich auch nicht immer in gleicher Weise. So kann ein Fünfjähriger mal über plötzliches Bauchweh klagen. Er sieht sehr blaß aus, eventuell erbricht er dabei. Plötzlich ist alles vorbei, und er spielt wieder vergnügt. Ein anderes Mal hat er Kopfschmerzen und sagt dann vielleicht, es habe alles so geflimmert vor seinen Augen. Mit einem kühlen Läppchen auf Stirn und Schläfen liegt er einige Zeit still, läßt sich trösten, schläft ein und erwacht beschwerdefrei. Ein drittes Mal kann derselbe Knabe Kopfschmerzen haben, die mit starkem Brechreiz einhergehen. Nach dem Erbrechen ist ihm leichter, er findet Ruhe und »verschläft« die Attacke. Wichtig ist es, dem Arzt alle diese Einzelheiten zu schildern, weil sich seine Therapieempfehlungen danach richten.

Migräneformen

Schulkinder, Jugendliche sowie Erwachsene beschreiben häufig einen Ablauf ihrer Attacken, der typisch für sie ist. Aber auch bei ihnen können mehrere Formen abwechseln.

Die einfache oder **gewöhnliche Migräne** (engl. common migraine) kommt im Kindesalter oft vor. Leichte Formen klingen nach wenigen Stunden ab; Übelkeit und Erbrechen sind möglich. Schwerere Formen können sich über mehrere Tage – verbunden mit starkem Krankheitsgefühl – hinziehen und zu Schmerzmittelmißbrauch führen; dabei besteht die Gefahr, daß die Kopfschmerzen chronisch werden. Gerade sehr ehrgeizige Kinder und Jugendliche, die immer »fit sein« wollen, nehmen schnell mal eine Tablette aus dem Arzneischrank, womöglich sogar am Vorbild der Eltern orientiert.

Von einer **klassischen Migräne** (Migräne mit Aura, Augenmigräne) spricht man, wenn es vor oder auch noch während der Schmerzattacke zu Reizen oder Ausfallserscheinungen der Augen kommt. Dies können bunte Kreise, Lichtpunkte, zackig begrenzte Gebilde oder Blitze sein. Vorübergehend kann auch eine Beeinträchtigung des Sehens bis zur Blindheit vorliegen, oder ein Teil des Gesichtsfeldes fällt aus. In dieser Zeit könnte der Betroffene z.B. eine gegenübersitzende Person teilweise scharf und teilweise gar nicht sehen. Möglich sind auch Taubheits- oder Kribbelgefühle (sog. Parästhesien) in Armen oder Beinen, Sprachstörungen, ja sogar in seltenen Fällen eine muskuläre Schwäche bis zur Lähmung von Gliedmaßen oder auch von Augenmuskeln.

Bleiben solche Symptome über die Schmerzattacke hinaus noch bestehen, handelt es sich um eine **komplizierte Migräne**.

Schließlich beschreiben manche Menschen, daß sie während ihrer Migräneattacken Formen oder Abläufe verändert wahrgenommen haben. Da scheint z.B. ein Hund ganz langsam wie in Zeitlupe auf einen zuzulaufen, seine Sprünge werden wie ein Schweben empfunden. Umgekehrt können Abläufe auch wie »überdreht« wirken. Einem anderen erschienen Gegenstände so klein, als schaute er durch ein umgedrehtes Fernglas. Ja selbst der eigene Körper oder Teile davon kommen einem verändert vor. Menschen, die von solchen Phänomenen noch nichts gehört haben, glauben das natürlich nicht. In dem bekannten Kinderbuch »Alice im Wunderland« beschreibt Lewis Carroll, der selbst unter einer Migräne mit veränderter Formwahrnehmung litt, in einer phantastischen Geschichte solche Erscheinungen (s. Seite 98).

Wenn Kinder plötzlich über heftiges Bauchweh klagen, sich dabei mitunter auch noch erbrechen müssen, gibt es viele Möglichkeiten einer Verursachung. Es kann eine infektiöse Magen-Darm-Erkrankung sein, ein »verdorbener Magen«, aber auch eine Blinddarmentzündung. Deshalb muß das Kind einem Arzt vorgestellt werden. Wiederholen sich solche akuten Ereignisse mehrmals und gibt es in der Familie Migräne, kann es sich auch um eine beginnende Migräne handeln. Im Kleinkindalter äußert sich eine Migräne gar nicht so selten als Bauchweh (Bauchmigräne, abdominale Migräne, Nabelkolik). Später wird diese abgelöst durch die Kopfwehzustände, mitunter bestehen auch beide Formen abwechselnd eine Zeitlang nebeneinander.

Wie kommt es zu Kopfschmerzen?

Wenn man sich oder seine Angehörigen genau beobachtet, findet man mitunter Faktoren, die Kopfschmerzen auslösen können. Das ist natürlich dann günstig, wenn es sich um Auslöser handelt, die man vermeiden kann, wie z.B. bestimmte Nahrungsmittel. Bekommt ein Kind regelmäßig eine Migräne, wenn es Schokolade gegessen hat, empfiehlt es sich, ihm keine mehr zu geben. Leider ist es nur selten so einfach. In vielen anderen Fällen stellt man zwar Zusammenhänge zu bestimmten Ereignissen fest, hat darauf aber keinen Einfluß, wie z.B. auf das **Wetter** (Föhn, Luftdruckänderungen, Gewitter) oder auf den **Zyklus** der Frau. Bei den meisten aber findet man nichts, die Migräne kommt »wie aus heiterem Himmel«.

Am häufigsten aber werden Kopfschmerzen, seien sie attackenartig oder nicht, durch **psychische Fakto-**

Faktoren und Mechanismen, die für eine Migräneattacke verantwortlich sind

ren ausgelöst. Hier spielt nicht nur eine Rolle, wie stark und anhaltend die Belastungen (Konflikte, Hektik, Anforderungen unter zeitlichem Druck) sind, sondern auch die Fähigkeit des Einzelnen, die Übersicht zu behalten. So manches Kind überfordert sich selbst, wenn es aus übertriebenem Ehrgeiz sein Arbeitspensum zusätzlich erhöht oder wenn es etwas Unabänderliches nicht akzeptieren kann. Hier steht die individuelle Belastbarkeit, also die Konstitution, im Vordergrund. Auch das Interesse an einer Sache hat Einfluß darauf, wie belastet man sich fühlt. Geht ein Kind ungern zur Schule, fühlt es sich schnell frustriert und damit überfordert.

Fallbeispiel Barbara, ein 13jähriges Mädchen mit fuchsrotem lockigem Haar und Sommersprossen, kommt in die Sprechstunde, weil sie schon seit mehreren Jahren Kopfschmerzen hat. Diese beginnen oft schon morgens nach dem Aufstehen, sind fast täglich während des Schulvormittags vorhanden und klingen nachmittags ab. Sie seien beiderseits im Stirn- und Schläfenbereich. Oft habe sie das Gefühl, als sei ein Reifen um den Kopf gespannt; manchmal ziehe der Schmerz auch vom Nacken nach vorn. Weitere Beschwerden wie Erbrechen bestehen nicht. Der Kopfschmerz »nerve« sie, obwohl er meist erträglich ist. Außerdem habe ihr jemand gesagt, es könnte ja auch etwas Schlimmes dahinter stecken.

Barbara ist ein schlankes Mädchen. Mitunter ist ihr schwindelig, wenn sie die Körperposition wechselt oder längere Zeit stehen muß. Sie war nie ernsthaft krank, hat aber mehrmals im Jahr grippale Infekte und braucht danach ziemlich lange, bis sie wieder richtig in Form ist. Eine Zeitlang zu Beginn der Schulzeit habe sie an den Nägeln geknabbert.

In dieser Zeit gab es zu Hause vor der Scheidung der Eltern ziemliche Spannungen.

Barbara ist eine gute, sehr ehrgeizige Schülerin. Sie ärgere sich sehr über mittelmäßige Noten, sitze am Abend oft noch über Hausaufgaben, lasse sich morgens noch von der Mutter Vokabeln abfragen. Es gebe auch schnell mal Tränen, wenn etwas nicht so klappe. In der Klasse sei sie bei einigen nicht besonders beliebt. Sie gelte als Streberin, und ihr starkes Rechtsbewußtsein komme manchmal wie Rechthaberei an, obwohl sie sich oft auch für andere einsetze. Mit ihrer Freundin geht sie regelmäßig in einen Gymnastikklub. Dort trainiere sie sich ihre Pfunde runter. Sie wolle keinesfalls so mollig wie ihre Mutter werden.

Die Untersuchung ergibt bei dem untergewichtigen Mädchen mit niedrigem Blutdruck keine Befunde, die auf eine organische Ursache schließen lassen. Kalte Hände und Füße, feuchte Handinnenflächen, weite Pupillen, sehr lebhafte Reflexe werden als Zeichen einer vegetativen Labilität gedeutet und erklärt. Es wird Spannungskopfschmerz diagnostiziert. Mit dem Mädchen werden die Zusammenhänge zwischen psychischer und muskulärer Spannung sowie die Einflüsse des vegetativen Nervensystems auf den Kopfschmerz besprochen. Sie erlernt die Übungen der Progressiven Muskelrelaxation, die sie rasch begreift und mit denen sie bald sehr gut entspannen kann. Zusätzlich zu morgendlichen Wechselduschen wird der Blutdruck medikamentös normalisiert. Außerdem kann sie dazu veranlaßt werden, ihren Schlankheitstic, der schon in Richtung einer Magersucht ging, zugunsten einer wenn auch geringen Gewichtszunahme aufzugeben.

Diese Darstellung gibt typische körperliche und psychische Verhältnisse eines Mädchens mit **Spannungskopfschmerz** wider. Es bestehen aber auch Ähnlichkeiten bzw. Überschneidungen mit dem gewöhnlichen Kopfweh. Beiden Formen ist gemeinsam, daß der Schmerz nicht attackenartig auftritt und oft schon in den Morgenstunden beginnt. Zusammenhänge zu einer starken nervlichen Anspannung, wie sie in der Schule besonders für ehrgeizige Schüler typisch ist, sind offensichtlich. Natürlich spielen dabei auch Lärm, mangelnde Bewegungsmöglichkeiten, eine schlechte Kopfhaltung (zu starke Vorwärtsbeugung mit Überdehnung der Nackenmuskeln) und mitunter eine Überanstrengung der Augen eine Rolle.

Manche Schüler bekommen auch Kopfschmerzen, weil sie ohne Frühstück in die Schule gehen. Bei den Anforderungen entsteht dann leicht eine Unterzuckerung des Blutes (Hypoglykämie). Andere Kinder, die sich einen Schulvormittag lang nicht ausreichend konzentrieren können, die herumzappeln und daher ständig ermahnt werden, reagieren ebenfalls oft mit Kopfschmerzen. Ein achtjähriger Junge klagte schon morgens nach dem Aufstehen über Kopf-, Magen- und Bauchschmerzen, über Schwindel und Übelkeit. Das steigerte sich regelmäßig an Tagen mit Sport. Nach längerer Beobachtung fand man heraus, daß der Sportlehrer den sehr muskelschwachen, herumhampelnden, wenig sportlichen Knaben ziemlich streng behandelte.

Die Symptome verschwanden sofort, nachdem dieser Lehrer die Klasse nicht mehr unterrichtete. Hier hatten sich die Beschwerden bereits in Erwartung unangenehmer Ereignisse gebildet, also aus Furcht und aufgrund der Erwartungsspannung. Bei Beschwerden wie Kopfschmerzen ist es oft schwer, solche Zusammenhänge zu klären. Es ist aber natürlich sehr wichtig, weil besorgte Eltern immer wieder von den Ärzten erwarten, daß sie dem Kind helfen, indem sie Tabletten verschreiben. Dann kann sehr leicht auch schon bei Kindern ein Teufelskreis entstehen, der bei Erwachsenen ziemlich häufig ist.

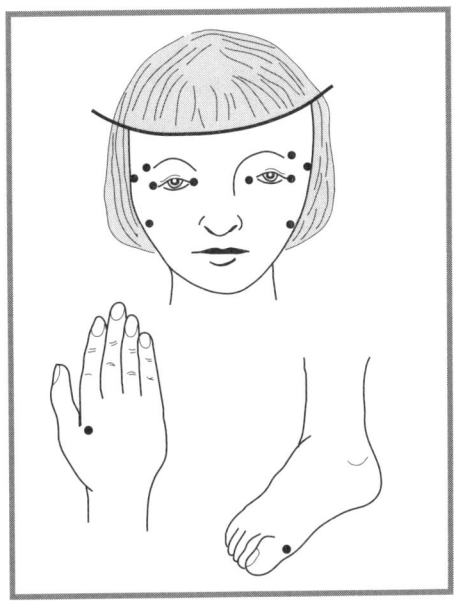

Das Drücken bestimmter Punkte im Kopfbereich und in anderen Körperregionen hilft dem Kind, die Schmerzen einer Migräneattacke zu lindern.

Behandlung von Kopfschmerzen

Hat man gemeinsam mit einer Fachärztin die Zusammenhänge analysiert und eine organische Ursache ausgeschlossen, dann müssen die Eltern – oder das Kind selbst, wenn es in der Lage dazu ist – die Intensität, Art und Lokalisation der Schmerzen beobachten. Wichtig sind auch weitere Beschwerden, die Häufigkeit und eventuelle Zusammenhänge zu äußeren Ereignissen, die als Auslöser in Frage kommen könnten.

Das betroffene Kind trägt diese Daten auf einem **Kopfschmerzkalender** ein und nimmt ihn zur nächsten Konsultation beim Arzt mit.

Prophylaxe besteht darin, auslösende Faktoren zu vermeiden und somit den Kopfschmerz zumindest zu verringern. Eine solche prophylaktische Maßnahme kann beispielsweise, wenn der Verdacht auf nahrungsmittelbedingte Kopfschmerzen geäußert wurde, in diätetischen Maßnahmen bestehen.

Eine **oligoantigene** Diät geht davon aus, daß bei manchen Menschen bestimmte Nahrungsmittel, wie z.B. Milcheiweiß, aber auch Zusätze und Konservierungsmittel, allergische Reaktionen auslösen können. Um nun herauszubekommen, um welche Nahrungsbestandteile es sich dabei handelt, beginnt die Diät mit nur ganz wenigen »reinen« Speisen. Allmählich werden weitere Nahrungsmittel auf den Speiseplan gesetzt. Tritt dabei Kopfschmerz auf, wird dieses Nahrungsmittel wieder weggelassen (s. auch Seite 73).

Hat ein Mädchen seine Kopfschmerzzustände im Zusammenhang mit der Regel, meist einige Tage vor oder direkt während der Regelblutung, wird man gemeinsam mit dem Frauenarzt nach Möglichkeiten einer Linderung suchen, die auch in einer Hormongabe ähnlich der »Pille« bestehen kann.

Treten Kopfschmerzen seltener als dreimal monatlich und in gut erträglichem Maße auf, lindert man aktuell die Beschwerden, wenn das überhaupt nötig ist. Bei manchen Kindern besteht keine Notwendigkeit zur Therapie, wenn der Familie die Angst genommen wurde, es könnte etwas Schlimmes dahinter stecken. Zur Unterdrückung einer Kopfschmerzattacke sollte das Kind »aus dem Verkehr gezogen« werden. Wenn es sich in einem reizabgeschirmten Raum ruhig hinlegen kann, verschläft es mitunter die Attacke und erwacht völlig beschwerdefrei. Oft wird ein kühles Läppchen auf den Schläfen oder die Einreibung mit ätherischen Ölen als wohltuend empfunden.

Sehr zu empfehlen ist die **Akupressur:** Das Kind erlernt gemeinsam mit den Eltern von einem erfahrenen Therapeuten ganz bestimmte Punkte im Kopfbereich und in anderen Körperregionen, die es bei Bedarf drückt. So vermindert es die Schmerzen.

Natürlich ist es auch möglich, den Schmerz und die häufig noch unangenehmere Übelkeit mit einem **Medikament** zu lindern. Schmerzen werden sicher mit Azetylsalizylsäure oder Paracetamol behandelt. Da bei Übelkeit immer die Verdauung gestört ist und deshalb Tabletten nicht resorbiert werden, sind in dem Falle Zäpfchen anzuwenden. Steht der Brechreiz im Vordergrund, kombiniert man gleich mit einem Antiemetikum, wie z.B. Domperidon oder Metoclopra-

Substanz	Dosis	Bemerkung
Paracetamol	250/500 mg	frühzeitige Gabe
	5-10 ml	evtl. Wiederholung nach 1 Std.
		Zäpfchen!
Paracetamol + Domperidon	10 mg	bei Übelkeit
(Metoclopramid)	10 mg	
Azetylsalizylsäure	100/500 mg	Brausetabletten
Dihydroergotamin	2,5 mg	rechtzeitige Gabe!
(Ergotamin)	1 mg	Spray, Supp.
Injektion:		
ASS + DHE		
z.B. Aspisol Amp. (0,5 mg)		
+ Dihydergot-Amp. (1 mg)	1/2-1 Amp.	langsam i.v.
Metamizol Novalgin-Amp. (500 mg)	100-200 mg	i.v.

Medikamente für die Akutherapie

Stoffgruppe	Substanz	Dosis	Nebenwirkungen
Betablocker	Propranolol Metoprolol	10-40-120 mg	Blutdrucksenkung
Secalealkoloide	Dihydroergotamin (DHE)	2- bis 3mal 1,5-2,0 mg	Herzklopfen Vasopasmen
Kalziumeintrittsblocker	Flunarizin	5-10 mg abends	Müdigkeit, Gewichtszunahme
Serotoninantagonisten	Pizotifen	1- bis 2mal 0,5 mg abends	Müdigkeit, Gewichtszunahme
	Cyproheptadin	2mal 2-4 mg	Gewichtszunahme
Thrombozytenaggregationshemmer	ASS	1mal 100 mg abends	Magenbeschwerden
Antidepressiva			
Antiepileptika	Carbamazepin	200-400 mg allmähliche Dosissteigerung	Müdigkeit, Schwindel
	Clonazepam	0,5-3,0 mg	
Antihypotensiva			
Antitetanika	Magnesium	100-300 mg	
Neuroleptika/ Tranquillizer			

Medikamente für die Intervalltherapie

mid. Das bei manchen Menschen mit Migräne sehr gut wirksame Mutterkornalkaloid Ergotamin kann unter ärztlicher Kontrolle ebenfalls als Zäpfchen oder rasch wirksame Inhalation gegeben werden, erfordert aber wegen möglicher Nebenwirkungen bei zu hoher Dosierung Disziplin bei der Verabreichung. Alle schmerzlindernden Medikamente (Analgetika) und besonders das letztgenannte können ihrerseits Kopfschmerzen erzeugen, die man dann nicht mehr von den ursprünglichen unterscheiden kann. So entsteht eine Spirale mit immer mehr Medikamenten und chronisch werdendem Kopfschmerz. Sind die Beschwerden so nicht zu lindern und ist es womöglich bei kleineren Kindern durch fortwährendes Erbrechen zu einem hohen Flüssigkeitsverlust gekommen, ist unbedingt ein Arzt zu konsultieren.

Treten mehrmals monatlich heftige Migräneattacken auf oder hat ein Kind chronische Kopfschmerzen, muß eine **Intervalltherapie** erwogen werden. Dafür gibt es viele unterschiedliche Maßnahmen. Welche Sie für Ihr Kind wählen, hängt von der Verfügbarkeit geeigneter Therapeuten, aber auch von Ihren zeitlichen Möglichkeiten ab. Sicher wird Sie auch Ihr Arzt beraten, welche Methoden für die besonderen Bedingungen Ihres Kindes zu empfehlen sind. Liegen die Ursachen eines Spannungskopfschmerzes in familiären oder schulischen

Spannungen, wird man das Kind nicht mit Tabletten bombardieren, sondern versuchen, die Bedingungen zu ändern und die Kompensationsfähigkeit des Kindes zu erhöhen. Dafür steht eine Reihe von Methoden zur Verfügung, wie z.B.
- Selbstsicherheitstraining,
- autogenes Training,
- Muskelentspannungsübungen,
- Biofeedback-Training.

Zur Stabilisierung körperlicher Funktionen ist auf einen geregelten Tagesablauf mit vernünftigen Eßgewohnheiten, ausreichendem Nachtschlaf, Bewegung und Spiel zu achten, alles Selbstverständlichkeiten, die aber oft schwer zu realisieren sind. Sie setzen auf alle Fälle voraus, daß sowohl die Eltern als auch das betroffene Kind selbst vom Sinn solcher meist als Einschränkung empfundenen Maßnahmen zu überzeugen sind. Dann müssen sie natürlich auch in der Lage sein, sie konsequent durchzuführen. Gibt es z.B. in der Familie keinen Erwachsenen, der frühstückt, bevor er das Haus verläßt, wird sich dieses Verhaltensmuster auf die Kinder übertragen haben; dann wird es schwer sein, das kopfschmerzgeplagte Kind von der Notwendigkeit des morgendlichen Frühstücks zu überzeugen. Ebenso ist es mit körperlicher Betätigung, Sauna oder Schwimmen statt stundenlangem Fernsehen. Da greift man bei Beschwerden lieber mal rasch zu einer Schmerztablette.

Häufig wird zwar – nachdem die Zusammenhänge bewußt gemacht wurden – die Lebensweise der Familie optimal verändert, aber die Kopfschmerzen können nur unwesentlich verringert werden. Dann ist eine direkte Schmerzbeeinflussung zu empfehlen. Während einer solchen Migräneattacke verändern sich körperliche Funktionen auf unterschiedliche Weise, entsprechend haben die chemischen Substanzen unterschiedliche Ansatzpunkte im Körper. Die einen verändern die Konzentration bestimmter Botenstoffe, andere beeinflussen die Schmerzschwelle der Rezeptoren an der Gefäßwand oder den Spannungszustand der Blutgefäße im Kopf. Wieder andere beeinflussen die Stimmung, den Blutdruck usw.

> Entscheidend ist es, ein verordnetes Medikament genau nach Vorschrift mindestens sechs Wochen zu nehmen und in dieser Zeit die Wirkung und eventuelle Nebenwirkungen in den Kopfschmerzkalender einzutragen.

Auch ein erfahrener Arzt kennt nicht die individuelle Wirksamkeit der verordneten Substanz. Lindert sie die Beschwerden nicht oder nur unzureichend, wird zu einer anderen übergegangen. Das erfordert Geduld und Vertrauen auf beiden Seiten. Mißerfolge und Unzufriedenheit entstehen oft durch eine überhöhte, unrealistische Erwartungshaltung des Patienten bzw. seiner Familie. Hat ein Kind eine Bereitschaft zu Kopfschmerzen, wäre eine »Heilung« ein unrealistischer Wunsch. Man darf aber darauf hoffen, daß die Beschwerden seltener und weniger heftig werden.

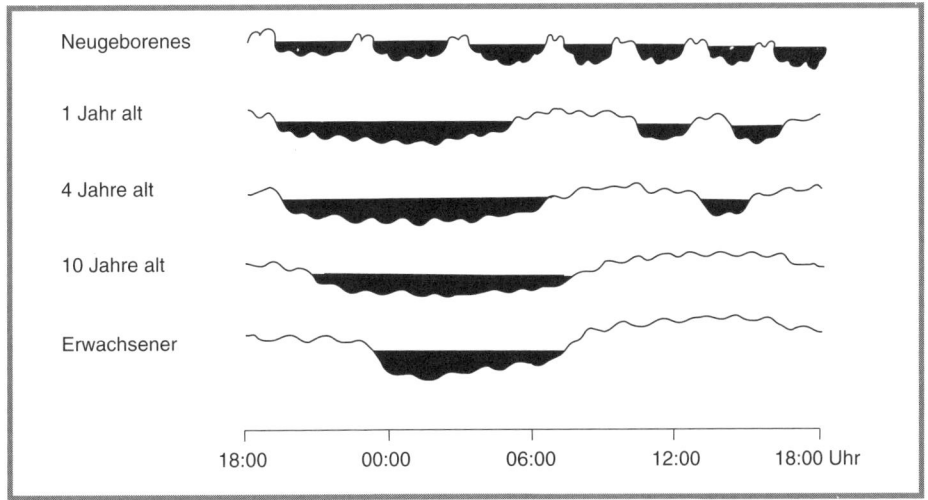

Die Entwicklung des Schlaf-Wach-Rhythmus

Schlafstörungen

Ein Drittel unseres Lebens verschlafen wir. Ist es nicht schade um diese »nutzlos verbrachte Zeit«? Wie wichtig ist es eigentlich, ob und wieviel wir schlafen?

Natürlich weiß jedes Kind, daß man Schlaf braucht, um wieder frisch und kräftig zu werden. Es gehört doch zu den sehr unangenehmen Situationen, wenn Menschen völlig übermüdet irgendwo warten müssen, nicht schlafen können und vor Müdigkeit nicht mehr fähig sind, geistig oder körperlich aktiv zu sein. Je länger man am Schlafen gehindert wird, desto mächtiger wird das Bedürfnis danach. Man spricht dann von einem imperativen Schlafbedürfnis.

Bei einem Menschen mit Schlafdefizit lassen die körperliche Spannkraft und Leistungsfähigkeit nach. Die erschlaffende Muskulatur zwingt ihn dazu, die aufrechte Körperhaltung aufzugeben und sich – wenn möglich – hinzulegen. Andererseits werden aber auch das Denkvermögen, die Assoziationsfähigkeit, der Ideenreichtum und das Erinnerungsvermögen zunehmend beeinträchtigt. Man wird interesselos, vielleicht auch mißmutig und empfindet alle Reize als lästig.

Wie wir aus Beobachtungen schlafender Menschen und aus der Messung vieler Funktionen in sogenannten Schlaflabors wissen, gibt es mehrere Schlafphasen, die sich während einer Nacht periodisch wiederholen. Man bezeichnet sie – je nach Terminologie – mit Buchstaben (A bis E) oder mit Ziffern (1 bis 4) (s. auch Abb. Seite 108). Typisch ist, daß man zu Beginn der Nachtruhe schnell in tiefen Schlaf fällt. Innerhalb der ersten 90 bis 120 Minuten durchläuft man dann diese Stadien wieder in umgekehrter Reihenfolge. In einer Nacht können bis zu fünf solcher Schlafperioden vorkommen. Sie ändern aber im Laufe der Nacht ihr Profil, wobei der Schlaf flacher wird und öfter die sogenannte REM-Phase erreicht.

Je nach der Tiefe des Schlafes ändern sich die Pulsfrequenz, der Blutdruck und die Atmung. Auch die Intensität von Bewegungen (Drehen im Schlaf) hängt von der Schlaftiefe ab.

> Als Regel gilt: Je tiefer der Schlaf ist, desto sparsamer laufen diese Funktionen ab. Gleichzeitig werden die Energiedepots des Körpers wieder aufgefüllt.

In jeder Nacht werden mehrmals »**paradoxe Schlafphasen**« durchlaufen, die fast ein Viertel der Gesamtschlafdauer betragen. Paradox heißen sie deshalb, weil man einerseits schwer aufweckbar ist, also tief schläft, andererseits aber im Hirnstrombild (EEG) höchste Aktivität erkennbar ist. Da es in diesen Phasen zu raschen Bewegungen der Augen (engl. **R**apid **E**ye **M**ovements) kommt, die auch für andere sichtbar sind, werden sie **REM-Phasen** genannt. Wird man in dieser Phase geweckt, kann man oft über einen Traum berichten, denn während der REM-Phasen wird lebhaft geträumt. Die Forschungen der letzten Jahre haben ergeben, daß die REM-Phasen für die geistige und psychische Entwicklung, die Leistungsfähigkeit und das Wohlbefinden von außerordentlicher Bedeutung sind:

Während der REM-Phasen träumen wir. Wir **assoziieren,** wir verbinden gerade Erlebtes mit Eindrücken aus unserem Gedächtnis. Diese Assoziationen sind von außerordentlicher Bedeutung für das Behalten von Erlebtem oder Gelerntem, also für das Gedächtnis. Versuche haben ergeben, daß Studenten in Phasen besonders intensiven Lernens einen größeren Bedarf an REM-Schlaf hatten. Entzieht man einem Menschen diese Phasen, indem man ihn immer dann weckt, wenn eine solche Phase beginnt, dann wird er zunehmend ge-

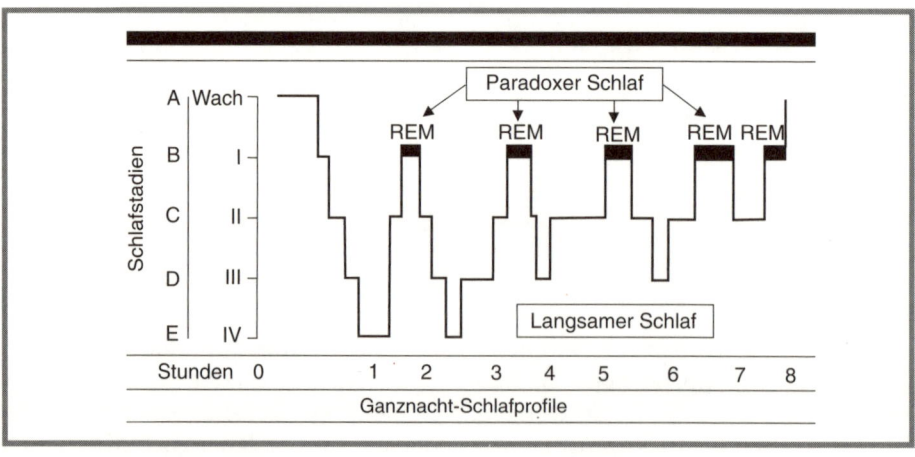

Schlafstadien einer Nacht

reizt, unkonzentriert und bekommt Angstzustände.

In Versuchen mit Ratten konnte sogar nachgewiesen werden, daß **Lernprozesse** durch Entzug des REM-Schlafes rückgängig gemacht werden können. Auf den Menschen übertragen heißt das, wenn jemand vor einem Examen wenig schläft, um noch recht viel zu lernen, muß er damit rechnen, daß das bereits Gelernte wieder verlorengeht, weil es mangels REM-Phasen nicht ins Langzeitgedächtnis überführt, also nicht gespeichert werden konnte.

Im Traum werden Erlebnisse verarbeitet. Da die zentralnervösen Assoziationen im Traum sehr locker sind, finden sich Traumbilder mit hochbrisantem Hintergrund neben völlig belanglosen Tageseindrücken, Bruchstücken einer gerade gelernten Lektion oder eines Kreuzworträtsels bunt oder doch offensichtlich willkürlich gemischt.

Mitunter tauchen auch lange zurückliegende Erlebnisse wieder auf, an die man überhaupt nicht mehr gedacht hatte. Dabei nehmen sie andere Formen an, werden je nach emotionaler Beteiligung gedeutet und so auch verarbeitet.

In Träumen reagiert man sich auch ab, entweder als Rückzug mit erklärenden oder rechtfertigenden Dialogen oder in offener Auseinandersetzung, als Kampf. Ängstliche Kinder oder solche mit lebhafter Phantasie schreien auf und erzählen dann weinend einen Traum, in dem vielleicht ein besonders aggressives Kind aus dem Kindergarten die Züge einer bösen Märchenfigur angenommen hat, gegen die man nun gerade kämpfen mußte oder vor der man geflohen ist.

Manche Menschen sagen, sie träumen niemals. Da bewiesen ist, daß jeder Mensch (und auch jedes Säugetier) REM-Phasen hat, kann angenommen werden, daß sich diese Menschen nur nicht daran erinnern können. Lassen sie sich wecken, wenn sie gerade ihre schnellen Augenbewegungen haben, können sie sich vom Gegenteil überzeugen.

Aber selbst, wenn man während des Träumens oder unmittelbar danach wach geworden ist und sich vornimmt, den Inhalt festzuhalten, gelingt das nicht immer. Das liegt daran, daß die »Sprache« des Traumes anders ist als die, die wir im Wachzustand benutzen. Da sich das Geschehen in einem Traum in der Regel nicht im Bereich des Logischen befindet, lassen sich viele Assoziationen gar nicht in Worte fassen. Wir sind es aber gewöhnt, in Worten zu formulieren; so verstehen wir vieles, was in unbewußten Gleichnissen vorkommt, gar nicht oder können es nicht deuten, so daß es »wie weggehaucht« entschwindet. Es kommt aber auch vor, daß eine Traumsequenz noch nach Monaten erinnert wird. Das ist immer dann der Fall, wenn der Träumer eine Bedeutung entnommen hat, die ihn sehr berührt, vielleicht geängstigt, verunsichert, beschämt hat, ihn manchmal auch Zusammenhänge erkennen läßt, die er im Wachzustand nicht fand, so daß es ihm nun »wie Schuppen von den Augen fällt«. Von solchen Träumen wird man meist wach und hat dadurch auch den Traum noch ganz frisch zur Verfügung.

DIE STILLEN SCHWIERIGKEITEN

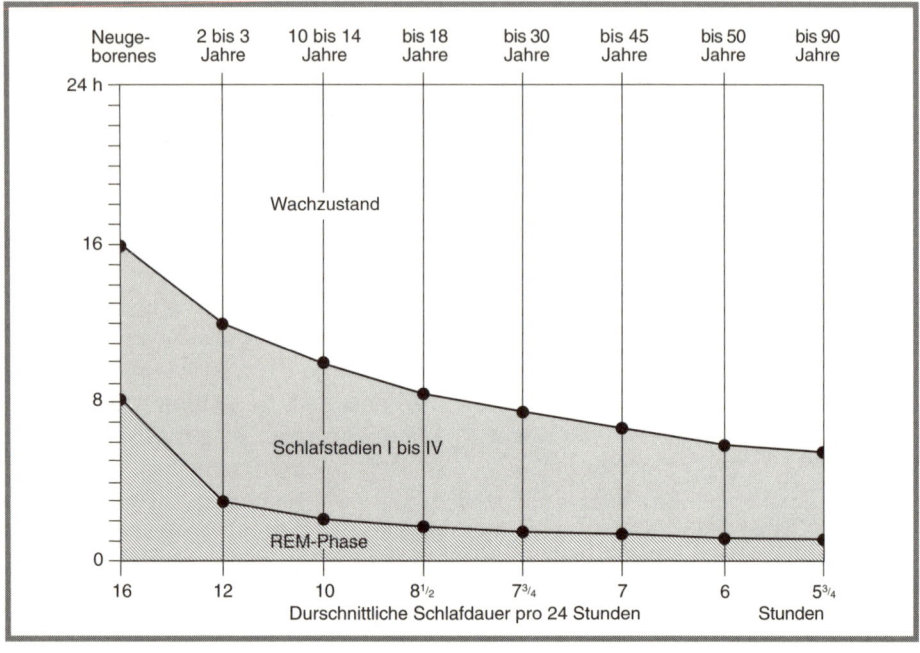

Der Schlafbedarf sinkt mit zunehmendem Alter stark ab.

Wieviel Schlaf braucht der Mensch eigentlich, um gesund und leistungsfähig zu bleiben und sich wohl zu fühlen? Der Schlafbedarf hängt einerseits vom Lebensalter ab, andererseits ist er individuell unterschiedlich. Aber auch aktuelle Bedingungen beeinflussen ihn, wie z.B. die Schlafqualität der vorangegangenen Nächte. Die Graphik zeigt, daß die Schlafdauer im Laufe des Lebens abnimmt. Ein Neugeborenes schläft ca. 16 von 24 Stunden, d.h. es ist tagsüber lediglich im Rhythmus der Mahlzeiten wach. Allerdings ist die Hälfte davon REM-Schlaf, was ja einleuchtet, wenn wir die Bedeutung dieser Phase für die Entwicklung und Reifung von Hirnfunktionen kennen. Im Vorschulalter braucht ein Kind ca. zwölf Stunden Schlaf, im mittleren Schulalter ca. zehn, in der Pubertät um die neun Stunden mit einer großen Spannbreite des realen Schlafes. Über das gesamte Erwachsenenalter liegt der Bedarf bei sieben bis acht Stunden und nimmt dann allmählich auf ca. sechs Stunden im Alter ab.

In Phasen starken Wachstums brauchen Kinder mehr Schlaf; umgekehrt gilt: Schlafen Kinder längere Zeit deutlich weniger, als sie brauchen, bleiben sie im Wachstum zurück.

Die **individuellen Unterschiede des Schlafbedarfes** sind bereits im Kindesalter vorhanden. Es gibt familiäre Dispositionen, die nicht durch Gewohnheiten erklärbar, sondern ererbt sind. So brauchen in manchen Familien alle wenig Schlaf, und die ganze Familie ist auch am Wochenende bereits früh auf den Beinen. Das andere Extrem gibt es ebenso. Schwierig wird es, wenn es beim Schlafbedarf große Unterschiede zwischen den einzelnen Mitgliedern der Familie gibt. Dann muß man Kompromisse finden. Unmöglich kann man ein Kind zwingen, sich am Wochenende oder im Urlaub morgens stundenlang still zu verhalten, weil die Eltern, die gern »die Nacht zum Tage machen«, noch schlafen wollen. Wenn ein Kind weniger schläft als sein Altersdurchschnitt, kann es zwar auch ein geringerer Bedarf sein. Entscheidend ist, ob bei ihm Zeichen eines chronischen Schlafdefizites vorhanden sind oder ob es heiter, ausgeglichen und gut konzentrationsfähig ist. Meist sind diese Kinder auch am Tag aktiv, unternehmungslustig, wißbegierig. In Familien mit ebensolchen Erwachsenen käme keiner auf die Idee, daß bei relativ kurzem Schlaf eine Störung vorliegt. Hat aber ein Elternteil eher einen hohen Schlafbedarf und will die anderen Familienmitglieder zu längerem Schlafen zwingen, kann das zu erheblichen Konflikten führen, weil solche biologischen Gegebenheiten nicht einfach »umerzogen« werden können. Es ist auch nicht eine Frage des guten Willens, sich anderen anzupassen. Hier kann nur Toleranz ein harmonisches Zusammenleben gewährleisten.

Natürlich spielen auch **Gewohnheiten** eine Rolle. Wenn Erwachsene am Wochenende sehr spät zu Bett gehen und dann den Sonntagmorgen am liebsten bis mittags im Bett verbringen, müssen sie diese Gewohnheit ändern, wenn sie Kinder haben. Natürlich kann man von Kindern Rücksichtnahme verlangen, daß sie sich beispielsweise eine Zeitlang still verhalten, wenn jemand müde oder gar krank ist und Ruhe braucht. Aber dies als Dauerzustand zu verlangen, wäre ein unverzeihlicher Egoismus der Eltern.

Ein heute allgemeines Problem ist, daß sowohl Kinder als auch Erwachsene weniger schlafen, als nötig wäre. Ihre tatsächliche Schlafdauer liegt unter ihrem individuellen Bedarf. Nun muß man den Schlaf nicht in voller Länge nachholen, den man mal vorübergehend versäumt hat. Die folgenden Nächte schläft man dann tiefer und gleicht so das Versäumte aus, oder man schläft am Wochenende mittags ein Stündchen.

> Die Fähigkeit zum **Kurzschlaf** sollten schon Kinder erlernen. 15 bis 20 Minuten nach der Schule ganz entspannt Ruhen, vielleicht sogar Schlafen (Kurzzeitwecker!) ersetzt ein Schlafdefizit von mehreren Stunden. Danach ist man wieder gut gelaunt, und auch die Hausaufgaben können zügig erledigt werden.

Kinder werden dem Arzt oder der Psychologin selten ausschließlich wegen Schlafstörungen vorgestellt. Dagegen kann man sie oft als eines von mehreren Symptomen erfragen. So hatten 30 Prozent der von mir wegen Kopfschmerzen behandelten Kinder Einschlafstörungen. Das bedeutet, daß diese Kinder eine Stunde oder länger nach dem Zubettgehen noch nicht schliefen. Bei den meisten berichteten die Mütter, daß das »schon immer« so war. Solche meist nervösen, lebhaften Kinder verzögern das Einschlafen oft zusätzlich durch Gewohnheiten nach dem Zubettgehen. So haben sie z.B. noch »etwas Wichtiges« zu berichten, oder sie müssen noch etwas in die Schultasche packen, oder sie müssen unbedingt ein wiederholtes Mal auf die Toilette.

Einerseits ist das ein Ausdruck ihrer inneren Unruhe, oft ist aber auch Neugier dabei, wenn z.B. Besuch im Wohnzimmer sitzt. Sie fühlen sich ausgeschlossen, besonders wenn ältere Geschwister länger aufbleiben dürfen. Durch solche schlafverzögernden Gewohnheiten werden Schlafstörungen künstlich erzeugt, wenn die Eltern hier immer wieder nachgeben. Haben sich solche Gewohnheiten erst mal eingeschliffen, hält sich das Kind künstlich wach, ohne eigentlich schlafgestört zu sein.

> Da Kinder naturgemäß ungern ins Bett gehen und ihre Müdigkeit selbst dann leugnen, wenn ihnen schon die Augen zufallen, muß ihnen diese Entscheidung durch feste Regeln abgenommen werden. An Wochentagen sollte es einen festgelegten Zeitpunkt geben, wo sie im Bett liegen. Wählen Sie ihn so, daß noch genügend Zeit bleibt für eine Geschichte, ein Lied oder für das, was das Kind noch berichten möchte.

Um das Einschlafen zu erleichtern, haben sich bestimmte **Rituale** bewährt. Zum Beispiel kann man sich darauf einigen, daß noch zehn Minuten das Licht brennen darf, um noch zu lesen oder Musik zu hören. Nach dieser Zeit kommt dann ein Erwachsener und löscht das Licht. Möchte das Kind, daß die Tür ein wenig offenbleibt, damit ein Lichtschein aus dem Wohnzimmer zu sehen ist, so kann dadurch das Einschlafen erleichtert werden – vorausgesetzt, in der Wohnung findet nicht gerade eine Party statt. All diese Rituale schließen ein, daß man sich besonders in dieser letzten Stunde des Tages voll dem Kind zuwendet und Ruhe ausstrahlt. Achten sie darauf, das Kind allmählich auf die Nachtruhe einzustimmen. Nach dem Gutenachtkuß sollte es das Bett nicht mehr verlassen.

Alle anderen Verpflichtungen, ob Hausarbeit, berufliche Anforderungen oder Vergnügungen wie etwa ein Plausch mit dem Nachbarn, müssen zurückgestellt werden, bis die Kinder im Bett sind.

> Keinesfalls darf man ein Kind zur Strafe ins Bett schicken, womöglich gar als Vorwand, weil man noch etwas Wichtiges vorhat.

Natürlich ist es legitim, ein übermüdetes, quengeliges Kind eher schlafen zu legen als gewöhnlich, aber es darf nicht als Strafe deklariert werden. Schlafen sollte schon von Kindheit an stets mit angenehmen Gefühlen gekoppelt werden.

Überhaupt muß man unterscheiden zwischen einem Kind, das »echte« Einschlafprobleme hat, und den vielen anderen Gründen eines zu kurzen Nachtschlafes. Da gibt es Kinder, die abends einige Stunden ihre Eltern tyrannisieren, weil sie glauben, sie könnten etwas verpassen. Geben diese Eltern auch nur einmal den Bitten ihres Kindes nach, daß es das Bett verlassen und erneut am Leben im Wohnzimmer teilnehmen darf, wird es immer wieder versuchen, ein längeres Aufbleiben durchzusetzen. Dann folgen unerfreuliche Diskussionen, die den harmonischen Tagesausklang stören.

An Wochenenden und zu angekündigten Ereignissen, z.B. einem Besuch oder einer Geburtstagsfeier, vereinbart man klugerweise vorher den Zeitpunkt der Bettruhe, damit es auch hier nicht zu aufreibenden Quengeleien kommt. Am einfachsten haben es Eltern, die in der Lage sind, sich selbst an Absprachen zu halten. Das ist nicht immer leicht, wenn ein anstrengender Tag hinter einem liegt. Aber natürlich sind kleine Inkonsequenzen durch einen unharmonischen Tagesausklang auch hart geahndet.

Ein weiterer Grund für ein Schlafdefizit bei Kindern ist eine heimlich ausgeführte interessante Beschäftigung, das Lesen einer spannenden Abenteuergeschichte, ein Walkman unter der Bettdecke usw. Das Gefühl, etwas Verbotenes zu tun, erhöht oft noch den Reiz. Aufmerksame Eltern dürften dies recht bald bemerken. Manche sehen aber auch darüber hinweg, um selbst ihre Ruhe zu haben. Vielleicht meinen sie auch, daß sich »die Natur schon zu ihrem Recht verhilft.« Das ist zwar im Prinzip richtig. Der Zeitpunkt, den versäumten Schlaf nachzuholen, könnte sich aber regelmäßig auf die Vormittagsstunden in der Schule verlagern, denn in aller Regel sind die nächtlichen Beschäftigungen interessanter als der Unterricht.

Mit Ermahnungen wird man nur selten etwas erreichen. Wenn die Einschlafverzögerungen extreme Formen (bezogen auf die Auswirkungen) annehmen sollten, helfen nur drastische Maßnahmen. So müßte man – auch wenn es aufwendig ist – den Fernsehapparat im Kinderzimmer jeweils ab einer vereinbarten Uhrzeit empfangsuntüchtig machen oder generell aus dem Zimmer entfernen. Das gleiche gilt natürlich auch für den Computer.

Sprechen im Schlaf

Es gibt Kinder und Erwachsene, die gelegentlich im Schlaf sprechen. Meist ist die Sprache unverständlich und verwaschen. Gleichzeitig fuchtelt derjenige eventuell mit den Armen oder steht sogar auf. Das Gesagte ist meist monoton und nicht angstbesetzt. Am anderen Morgen kann er sich an nichts erinnern. Bei Fieber tritt es besonders oft auf. Auch Kinder, die eine Krankheit des Gehirns hatten, wie z.B. eine Hirnhautentzündung, eine Gehirnerschütterung, ein Anfallsleiden, sprechen häufiger im Schlaf. Ebenso wie das Schlafwandeln ist es aber harmlos. Der Betroffene wird in seinem Schlaf nicht weiter beeinträchtigt (viel eher schon wachwerdende Mitbewohner).

Nächtliches Aufschrecken (Pavor nocturnus)

Besonders Kinder im Vorschul- und frühen Schulalter haben Zeiten, in denen sie plötzlich aus dem Schlaf heraus aufschreien. Kommt man ins Zimmer geeilt, sitzen sie meist mit weit aufgerissenen Augen im Bett, und ihr Gesicht ist angstverzerrt. Mitunter wiederholen sie stereotyp Wörter oder Gesten. Sie sind meist schläfrig, weinerlich und nicht ansprechbar. Die Pupillen sind weit, Puls und Atmung gehen schnell; oft sind sie schweißgebadet. Um diesen Angstzustand zu beenden, muß man sie aufwecken und beruhigen. Ähnlich ist es bei Angstträumen, durch die das Kind wach wird und die auch lebhaft erinnert und erzählt werden können.

So kann es sein, daß ein besonders ängstliches Kind auf bestimmte Märchen mit Angstträumen reagiert oder auch auf reale Situationen, wenn es z.B. der Mutter beim Einkaufen weggelaufen war und sie nicht sofort wiedergefunden hatte. Einfühlsame Eltern erkennen solche Zusammenhänge. Manchmal kann das Kind den Traum erzählen, wenn es richtig wach ist. Meist aber erinnern sich die Kinder am nächsten Morgen nicht mehr an die Geschehnisse der Nacht. Häufen sich solche Angstträume, sollte man schon abends vor dem Zubettgehen eine besonders harmonische Atmosphäre schaffen, beruhigend und erklärend auf das Kind eingehen und ihm Gelegenheit geben, alles zu erzählen, was es möchte.

Leider gibt es auch Umstände, die das Kind über längere Zeit ängstigen, wie z.B. ein größerer Bruder, der ständig bestimmen möchte. Oder die Eltern haben hohe Leistungsansprüche an das Kind, die es nicht erfüllen kann. Auch ständiger Streit der Eltern oder im Haushalt lebender Personen erzeugt beim Kind nachhaltige Angstgefühle. Ist die Mutter selbst unausgeglichen und nervös, hat sie keine Zeit oder keine innere Bereitschaft, sich mit dem Kind zu beschäftigen, bleibt es mit seinen Ängsten und Problemen allein. Daraus können sich schwere Schlafstörungen und zusätzlich Verhaltensstörungen ganz unterschiedlicher Art entwickeln. Das eine Kind beginnt wieder einzunässen, ein anderes entwickelt Schaukelbewegungen oder knabbert an den Nägeln, wieder ein anderes wird aggressiv oder fängt an zu stehlen.

In solchen Fällen erkennt zwar der Therapeut, dem das verhaltens- und schlafgestörte Kind vorgestellt wird, rasch die Zusammenhänge. Eine Änderung dieser Erscheinungen, die sowohl die Eltern als auch das Kind belasten, ist aber schwierig. Manche Eltern kommen nämlich mit dem Anspruch zum Therapeuten, er sei ja der Fachmann und müsse nun Abhilfe schaffen. Aber natürlich kann ein Therapeut einem Kind bei Beschwerden, die als Reaktion auf Erlebnisse entstanden sind, immer nur gemeinsam mit den Eltern helfen. Aber gerade Eltern, denen ihre eigenen Probleme über den Kopf gewachsen sind, können nur schwer ihren alleingelassenen Kindern helfen.

Gelegentlich gelingt es mir, die Eltern oder wenigstens die Mutter eines Kindes mit solchen nervösen Erscheinungen zur Neuorientierung ihrer Lebenssituation zu bringen. Ich bemühe mich, ihre Nöte zu verstehen, und suche gemeinsam mit ihr nach Lösungswegen. Wenn sich diese Mutter aus den Zwängen einer Partnerschaft lösen kann, Gefühle der Unabhängigkeit und der eigenen Kraft entwickelt, entsteht auch wieder Platz für ihre Kinder. Und wenn diese sich wieder geliebt und angenommen fühlen, wenn nicht immer nur genörgelt und abgewiegelt wird, können sie sich geborgen fühlen. Sie verlieren ihre Ängste und die daraus entstandenen Verhaltensweisen. Nichts ist schlimmer für ein Kind als schwache, selbstunsichere Bezugspersonen, die ihm keine Orientierung geben können.

Nachtwandeln

Es wird auch als Mondsüchtigkeit oder lateinisch als Somnambulismus bezeichnet. Kinder stehen im Schlaf aus ihrem Bett auf, laufen in der Wohnung umher, verlassen vielleicht sogar das Haus. Dabei können sie Handlungen durchführen, z.B. einen Schrank ausräumen, alle Blumen im Vorgarten pflücken, an die sie sich am anderen Tag nicht mehr erinnern können. Sie sind auch während des Schlafwandelns schwer aufweckbar; schlafen also dabei fest. Diese Schlafstörung kommt mitunter familiär gehäuft vor. Wer kennt nicht die ironischen-lustigen Darstellungen, wo gleich eine ganze Familie bei Mondschein auf dem Dach spazieren geht.

Obwohl die Störung selbst ganz harmlos ist und sich in den meisten Fällen im Erwachsenenalter verliert, kann es schon zu gefährlichen Situationen kommen. Wenn z.B. eine Familie in einem oberen Stockwerk wohnt, sollte sie vorsichtshalber nachts die Fenster nur kippen und sichern, denn die »traumwandlerische Sicherheit«, von welcher der Volksmund spricht, ist leider nur ein Märchen.

Fallbeispiel Peter, ein neunjähriger Schüler der zweiten Klasse, war mir wegen des Verdachts einer Legasthenie vorgestellt worden, das heißt, er konnte noch immer nicht flüssig schreiben und lesen und machte trotz fleißigen Übens immer wieder sehr viele Fehler. Dabei hatte er eine rasche Auffassung und konnte gut rechnen. Mehr am Rande erwähnte die Mutter, daß er oft im Schlaf spreche und auch gelegentlich nachts schlafend durch die Wohnung geistere. Einmal fand sie ihn am Morgen fest schlafend im Wohnzimmer, einträchtig neben dem Hund. Besonders häufig komme es vor, wenn Vollmond sei, der nachts genau in Peters Zimmer scheine. Auch im Urlaub müsse sie sehr aufpassen, da er schon einmal vor zwei Jahren die Pension in Österreich unbemerkt verlassen hatte. Die Mutter machte sich über sein Nachtwandeln aber keine Sorgen, da bei Peters Vater seit seiner Kindheit eine ähnliche Veranlagung bekannt ist. Die Familie hat am Stadtrand ein Häuschen mit Garten, so daß die Gefahren, die inmitten einer Großstadt bestünden, hier nicht zu befürchten sind.

Wenn ein Kind während eines Angsttraumes sein Bett verläßt, um in der

Nähe der Eltern Geborgenheit zu suchen, so ist das vom eigentlichen Nachtwandeln zu unterscheiden. Oft gibt sich das bald wieder von selbst, wenn beängstigende Erlebnisse durch neue, schöne überdeckt werden. Es kommt aber auch vor, daß sich aus wiederholt auftretenden Angstträumen und anschließendem Überwechseln ins Bett der Eltern ein Reflex einschleift, der sich nicht mehr allein löst.

Eltern haben mir berichtet, daß ihr Sohn seit Jahren Nacht für Nacht ins elterliche Bett komme und man nun gern diese Angewohnheit beenden möchte. Hier hilft nur Konsequenz:

> Das Kind muß stets und ohne Ausnahme wieder in sein Bett zurückgebracht werden, damit es morgens in seinem Bett erwacht. Es muß immer wieder das Privileg eines eigenen Bettes vermittelt werden.

Man kann sich auch je nach Alter des Kindes Geschichten ausdenken, in denen sich z.B. das Bett allein fürchtet oder traurig ist, wenn es ohne das Kind die Nacht verbringen muß. Die Devise solcher »positiven Bekräftigung« muß also sein, angenehme Gefühle für das eigene Bett zu wecken und zu verstärken. Strafen müssen Sie unbedingt vermeiden. Häufig besteht in besonders hartnäckigen Fällen eine unbewußte Eifersucht gegenüber den Eltern, die nachts immer in einem gemeinsamen Bett schlafen dürfen, während das Kind ausgeschlossen wird. Sind solche Zusammenhänge denkbar, sollte ein Psychotherapeut zu Rate gezogen werden.

Einnässen

Fallbeispiel Peter, ein ernster achtjähriger Junge, wird mir vom Vater vorgestellt, da er seit einigen Monaten jede Nacht einnäßt. Peter war ein Wunschkind, das nach zweijähriger Ehe seiner Eltern auf die Welt kam. Die Schwangerschaft und auch die Geburt waren ohne Störungen verlaufen. Er sei ein lebhafter, freundlicher Säugling gewesen, der kaum einmal krank war, sechs Monate gestillt wurde und wenige Tage nach seinem ersten Geburtstag allein lief. Zu dieser Zeit sprach er schon einige Wörter und konnte sich im Laufe des zweiten Jahres zunehmend gut verständigen. Mit knapp zwei Jahren war er tags und mit 2,5 Jahren auch nachts sauber. In den folgenden Jahren habe er in größeren Abständen einige Male nachts eingenäßt. Dafür fanden die Eltern bei dem äußerst sensiblen Knaben immer Erklärungen: Einmal war es im Zusammenhang mit der plötzlichen Abwesenheit der Mutter, die eine akute Blinddarmentzündung hatte und operiert werden mußte, einmal war die Katze sehr krank und verstarb, einige Male hatte Peter Angstträume gehabt.

Vor drei Monaten war nun endlich das ersehnte zweite Kind geboren worden. Peter war auf Lindes Geburt vorbereitet worden und freute sich auf das Schwesterchen. Oft hatte er ihre Bewegungen in Muttis

Bauch fühlen können. Er schaute zu, wenn sie an Muttis Brust trank und wohlig schmatzte. Er durfte helfen, wenn sie gebadet wurde, sah, wie lieb sie alle hatten, und schmiegte sich auch mal an den Vater, wenn die Mutter allzu beschäftigt war. Er, »der Große«, kam sich nun mitunter vernachlässigt vor, ein bißchen war er auch neidisch auf die kleine Linde. Am liebsten wollte er auch noch einmal so klein und niedlich sein wie sie. Das erfuhr ich von ihm im Spiel. Es war klar, daß sein Einnässen, das in zeitlichem Zusammenhang mit Lindes Existenz begann, etwas damit zu tun hatte, wie sehr er sich (unbewußt) in die Rolle seiner Schwester wünschte.

Einnässen (Enuresis) ist bei Kindern eine viel häufigere Erscheinung, als man annimmt, da viele Kinder und ihre Eltern es selbst ihren besten Freunden nicht erzählen. Es tritt altersabhängig auf und verliert sich im Laufe der Kindheit von selbst. Während etwa 16 Prozent der Fünfjährigen noch oder wieder einnässen, sind es bei den Siebenjährigen nur noch etwa 7 Prozent und bei den Vierzehnjährigen etwa 2 Prozent.

Von **Einnässen als Störung** spricht man dann, wenn ein Kind mit vier Jahren noch nicht trocken ist. Obwohl viele Kinder schon im dritten Lebensjahr sowohl am Tage als auch nachts nicht mehr einnässen, hat man diesen relativ späten Zeitpunkt gewählt, weil bis dahin doch noch Kinder ihr Wasserlassen regulieren lernen.

Einnässen kann als sogenannte **primäre Enuresis** bestehen. Davon spricht man, wenn das Kind bisher nicht trocken wurde, das Einnässen also kontinuierlich weiterbesteht. Als **sekundäre Enuresis** bezeichnet man es, wenn nach einem Zeitraum von mindestens sechs Monaten, in dem das Kind seine Blasenfunktion kontrollieren konnte, nun wieder Inkontinenz eintritt. Außerdem wird nach dem Zeitpunkt das nächtliche Einnässen (Enuresis nocturna) vom Einnässen tagsüber (Enuresis diurna) unterschieden. Während es tagsüber nur bei 5 Prozent der Enuretiker auftritt, ist das nächtliche Einnässen mit 80 Prozent recht häufig. Die restlichen 15 Prozent entfallen auf Kinder, die weder tags noch nachts ihre Blasenfunktion kontrollieren können.

Die **Ursachen** müssen in jedem einzelnen Fall genau ergründet werden, da sich die Behandlung danach richtet. Bei Peter konnte man aufgrund des zeitlichen Zusammenhangs mit der Geburt der Schwester annehmen, daß hier psychische Gründe vorliegen. Im Spiel wurde offenbar, was er direkt nicht hätte sagen können: Er fühlt sich aus seiner jahrelangen Einkind-Position verdrängt. Die von ihm gewünschte und geliebte Schwester empfindet er gleichzeitig als Konkurrentin gegenüber den Eltern, besonders der Mutter. Er wünscht sich insgeheim, wieder so klein wie Linde zu sein, um die ihr zuteil werdende Aufmerksamkeit zu erhalten. Da selbst beim Windeln große Zuwendung mit Streicheln beobachtet wird, kann ein Rückfall in dieser Beziehung so schlimm nicht sein. Nun erfährt er aber nach seinem Einnässen, das nicht bewußt oder gar provokatorisch erfolgt, sondern eher, weil diese Funktion bei ihm nicht so stabil ist, daß er keineswegs liebevolle Zuwendung erfährt, sondern im Gegenteil gescholten wird. Wieder hört er, daß er »der Große« ist und daß man in seinem Alter so etwas nicht mehr tut. Ihm wird deutlich, daß er der Mutter damit noch mehr Arbeit macht und sie nun womöglich noch weniger Zeit für ihn hat als ohnehin schon. Er ist beschämt, verletzt, fühlt sich unverstanden – und es gelingt ihm nicht, seine Blasenfunktion zu regulieren. Die Störung hat sich inzwischen verselbständigt, zumal Roberts Konflikt nicht lösbar erscheint.

So können vielerlei Konflikte und Spannungen, z.B. durch Disharmonie in der Familie, Überforderungen, wie es für manche Kinder der Schuleintritt sein kann, Kummer, z.B. durch den Wegzug des besten Freundes, die Abwesenheit einer wichtigen Bezugsperson, den Tod eines geliebten Haustieres, zur Störung der Blasenfunktion führen.

Bei Robert ist eine zweite Ursache erkennbar: Das wiederholte gelegentliche Einnässen als Reaktion auf eine psychische Belastung deutet darauf hin, daß die Blasenfunktion nicht sehr stabil ist. An einem solchen körperlichen Schwachpunkt können sich psychische Spannungen manifestieren. Je nach Konstitution kommt es beim einen zu sichtbaren Reaktionen und beim anderen nicht. Häufig ist die Reaktionsbereitschaft der Organsysteme ererbt. Was in Roberts Fall bei gründlicher Befragung der Eltern bekannt wurde, ist, daß der Vater als Kind auch über längere Strecken eingenäßt hat. (Das weiß Robert nicht.) Wenn diese **genetisch bedingte Funktionsschwäche** sehr stark ist, kann ein Kind auch ohne erkennbare psychische Belastungen eine Enuresis haben. Die Blase, die ein bestimmtes Fassungsvermögen hat, und auch der Schließmuskel, der sich nach der Ausreifung dieser Funktion nur willentlich öffnet, verhalten sich wie bei kleineren Kindern. Der Schließmuskel öffnet sich reflektorisch, wenn die Blase voll ist. Und die Blase signalisiert »voll«, obwohl noch eine Menge hineinpassen würde. So kommt es, daß so veranlagte Kinder mitunter schon ein bis zwei Stunden nach der Blasenentleerung einnässen. Noch eine weitere Besonderheit bei vielen dieser Kinder begünstigt das nächtliche Einnässen: Sie schlafen sehr tief und merken dadurch nicht, daß die volle Blase drückt. Die Eltern berichten oft, daß ihr Kind, wenn sie es nachts wecken, damit es noch einmal auf das Töpfchen oder auf die Toilette gehen kann, nicht wach zu bekommen sei und auch am nächsten Morgen nichts davon weiß.

Bei Kindern mit primärer Enuresis werden auch Einflüsse der **»Sauberkeitserziehung«** verantwortlich gemacht. Einerseits gibt es Familien, in denen das kleine Kind nicht konsequent zur Benutzung der Toilette angehalten wird, wenn z.B. die Mutter psychisch krank oder drogenabhängig ist oder sich einfach nicht um ihr Kind kümmert. Es konnte diese Fertigkeit nicht erlernen. Andererseits macht man auch einen zu frühen Drill für das Nichterlernen verantwortlich. Ein von ehrgeizigen oder sauberkeitsfanatischen Müttern sehr früh im ersten Lebensjahr durchgeführtes Sauberkeitstraining führt häufig zu Rückfällen, und zwar zu einem Zeitpunkt, wenn die Blase willentlich kontrolliert werden soll. Natürlich spielen auch übertriebene Strafen bei einem Mißgeschick eine bedingende Rolle. Wenn z.B. ein dreijähriges Mädchen, das schon längere Zeit trocken war, eingenäßt hat und nun »zur Strafe« nicht zum Kindergeburtstag gehen darf, kann aus der folgenden ängstlichen Spannung eine dauernde Störung entstehen.

Ein weiterer Grund für ein verspätetes Sauberwerden ist eine **verzögerte Hirnreifung.** Häufig sind diese Kinder auch in ihrer sonstigen Entwicklung zurück, z.B. bezüglich der Sprache, der geistig-psychischen Reife und der Motorik.

Bevor man alle möglichen genetischen, psychischen, erzieherischen und entwicklungsbedingten Gründe analysiert, ist generell eine körperliche Untersuchung erforderlich, um Erkrankungen der Nieren, der Blase oder des Nervensystems einschließlich des Rückenmarks auszuschließen. Gedacht werden muß auch an Reizungen durch zu enge Unterwäsche, an Hauterkrankungen (Pilze) sowie an Würmer.

Um den Kindern helfen zu können, müssen einige Daten genau erhoben werden. So sind die Häufigkeit und der Zeitpunkt des Einnässens sowie Zusammenhänge mit äußeren Ereignissen wichtig. Die Einstellung der einzelnen Familienmitglieder, mögliche Reaktionen in der Schule (»Stinktier«) oder bisherige Behandlungen müssen erfragt werden. Mitunter erzählen Eltern, daß ihr Kind in den Ferien bei der Oma oder im Hotel stets trocken sei. Das zeige doch, daß es könne, wenn es nur wolle.

Die Kinder leiden meist sehr unter ihrer Störung. Häufig schaukelt sich der Ärger in der Familie hoch, wenn Tag für Tag das Bett naß ist und bisherige Behandlungen oft nicht den gewünschten Erfolg gebracht haben. Da bleiben Beschimpfungen, Beleidigungen, ja harte Strafen nicht aus. Kein Wunder, daß die Kinder oft alle Hoffnung verloren haben, aus ihrer Rolle als »Prellbock der Familie« herauszukommen. Entsprechend hoch ist meist die Motivation zu einer Therapie.

Behandlung

Die Behandlung des Einnässens erfolgt in der Regel ambulant, also in der Familie des Kindes und mit deren intensiver Mitwirkung. Es gibt eine Reihe von Möglichkeiten, den Erfolg des Kindes zu registrieren und zu belohnen.

> Dabei gilt allerdings: Strafen sollten generell unterbleiben.

Bei Vorschul- und jüngeren Schulkindern hat es sich bewährt, einen Kalender zu führen, der dann auch dem Therapeuten gezeigt werden kann. Auf einem Blatt werden die Tage eines Monats als Kästchen gezeichnet. War das Bett bzw. die Kleidung trocken, malt das Kind eine Sonne oder eine Blume, war es naß, wird eine Regenwolke gemalt. Verstärkt wird die Trockenheit, also das erstrebenswerte Verhalten, durch viel Lob, durch materielle oder besser soziale Belohnungen, indem die Eltern dem Kind für jede Sonne ein **Token** geben. Eine bestimmte Anzahl solcher Plättchen oder Pfennige wird dann in die vereinbarte Belohnung umgetauscht, z.B. 10 Tokens = 1 gemeinsamer Besuch im Zirkus. Auch an die Existenz der Regenwolken, die keine negativen Sanktionen bedeuten, muß sich das Kind gewöhnen. Und die Freude ist groß, wenn sie immer seltener auftauchen.

Um weitere Programme erfolgreich durchzuführen, sollte ein **Blasentraining** durchgeführt werden. Das Kind lernt, willkürlich die Blase zu entleeren und das Wasserlassen mehrmals zu unterbrechen. Das gelingt gut, wenn der Drang gerade nicht so heftig ist. Gleichzeitig wird der Urin zurückgehalten, wenn ein Drang zur Entleerung besteht. Zunächst müssen einige Minuten ausgehalten werden, allmählich dehnt man es immer weiter aus, vielleicht bis zu einer halben Stunde. Erschweren kann man das, indem man dem Kind vor dem Training größere Mengen zu trinken gibt. Auch hier wird mit Belohnung gearbeitet. Durchführbar ist das aber überhaupt nur, wenn die Eltern zur Mitarbeit bereit sind. Denn ohne Kontrolle und anschließendes Lob funktioniert es nicht.

Eine sehr erfolgreiche Methode für Kinder jeden Alters ist die **apparative Konditionierung**. Hierbei wird das Kind nachts bei den ersten Tröpfchen durch ein Gerät geweckt. Dazu wird entweder eine Kontaktmatte ins Bett gelegt oder ein Kontaktläppchen in die Unterwäsche geknöpft. Sowie die Kontaktzone feucht wird, ertönt ein Wecksignal. Das Kind erwacht, stellt das Signal ab und entleert die Blase auf der Toilette. Man nimmt an, daß diese Methode durch **Vermeidungslernen** funktioniert: Das Kind lernt sehr rasch, den Störreiz »Weckerklingeln« zu vermeiden, indem es rechtzeitig die Blasenmuskulatur betätigt. Die meisten Kinder erreichen das übliche Ziel von vierzehn aufeinanderfolgenden trockenen Nächten noch vor Ablauf von zwei Monaten. Bei stark entwicklungsverzögerten und geistig behinderten Kindern dauert es länger. Kommt es später zu Rückfällen, wird das Gerät wieder einige Zeit eingesetzt. Die Geräte werden über den behandelnden Arzt von den Krankenkassen zur Verfügung gestellt.

Eine weitere recht erfolgreiche Behandlungsmöglichkeit besteht in der Gabe von **Medikamenten**. Erhalten Kinder, die nachts einnässen, vor dem Zubettgehen ein Medikament aus der Gruppe der Antidepressiva, so sinkt bei 85 Prozent nach ein bis zwei Wochen die Einnäßhäufigkeit enorm. Während es bei etwa 30 Prozent zu einer völligen Trockenheit führt, besteht innerhalb der nächsten drei Monate die Gefahr von Rückfällen. Der Grund der Wirksamkeit ist nicht ganz klar, aber es werden Einflüsse auf die Schlaftiefe und den Blasendruck angenommen. Die Verringerung der Schlaftiefe kann dazu führen, daß Kinder nervös und unausgeschlafen werden, weil ihre notwendige Schlafmenge durch den flacheren Schlaf reduziert wird.

Es gibt noch eine Reihe weiterer Therapiemöglichkeiten. Entscheidend ist, daß die Störung in ihrer Bedeutung für das Kind ernst genommen wird, daß Trainingsprogramme konsequent durchgeführt werden, damit das Blasensystem seine Funktion lernen und sicher beherrschen kann. Natürlich muß versucht werden, Störfaktoren aus dem Umfeld des Kindes oder in ihm selbst zu verringern, soweit das möglich ist.

Die Erfahrungen mit vielen betroffenen Kindern haben gezeigt, daß eine Psychotherapie dann sinnvoll ist, wenn das Kind zusätzlich oder als Reaktion auf sein Einnässen auch psychische Störungen hat. Auf das Symptom selbst wirkt eine Psychotherapie nur unzureichend, sie entlastet somit das Kind und seine Umgebung kaum. Daher sollte in komplizierten Fällen ein zusätzliches Trainingsprogramm im Sinne der Verhaltenstherapie durchgeführt werden.

> Bei starken familiären Konflikten ist natürlich auch eine Familientherapie gut. Häufig muß das einnässende Kind als Sündenbock für familiäre Konflikte herhalten. In diesem Fall muß die Therapie jedoch unabhängig von dieser Störung ansetzen.

Daumenlutschen

Jeder von uns kennt den Anblick eines hingebungsvoll an seinem Daumen nuckelnden Säuglings. Keiner käme auf die Idee, daß das etwas Krankhaftes sei. Das Kind verspürt offensichtlich Behagen, wenn es sein Bedürfnis, an etwas zu nuckeln, befriedigen kann. Da nicht ständig die mütterliche Brust zur Verfügung steht, mit der der Säugling einerseits seinen Hunger stillt, andererseits aber auch Wärme und Geborgenheit spürt, nimmt er etwas anderes als Ersatz, einen Nuckel oder seinen Daumen. Allmählich verringert sich diese vordergründige Orientierung auf den Mund, und das Nuckeln oder Daumenlutschen verliert sich.

Ältere Kinder und mitunter auch Erwachsene können aber in ihr Säuglingsverhalten zurückfallen, wenn sie sich alleingelassen fühlen, wenn sie nicht die Zuwendung erhalten, die sie sich wünschen. Ist ein Kind es gewöhnt, die elterliche Fürsorge ungeteilt zu genießen, so kann es nach der Geburt eines Geschwisterchens zu bereits überwundenen Verhaltensweisen zurückkehren und wieder an etwas lutschen oder nuckeln, obwohl es immer noch viel Liebe und Zuwendung bekommt. Bei Kindern, die im Krankenhaus behandelt werden müssen, oder die – z.B. durch Scheidung der Eltern – eine wichtige Bezugsperson verlieren, oder die sich in der Gemeinschaft des Kindergartens oder der Schulklasse nicht so recht behaupten, kann das Lutschen an einem Finger nach dem dritten Lebensjahr wieder einsetzen. Befinden sich Kinder von klein auf in wenig behüteten Verhältnissen oder sind sie in ihrer Entwicklung gestört, kann die Gewohnheit aus der Säuglingszeit bestehen bleiben.

Da ähnliche **Ursachen** auch zu anderen Angewohnheiten wie Nägelbeißen oder Körperschaukeln führen können, treten diese Symptome bei manchen Kindern auch gleichzeitig auf. Welches dabei überwiegt, hängt vom Naturell des Kindes ab. Während lebhafte, aktive, auch nervöse Kinder eher zum Nägelbeißen neigen, bevorzugen stille häufiger das Lutschen.

> Beginnt ein Kind in einer belastenden Situation am Daumen zu nuckeln, so sollten die Eltern prüfen, ob es vermeidbare Faktoren gibt, die das Kind irritieren. Diese sollten sie dann sobald wie möglich verringern.

Oft ist es kein besonders schwerwiegender Grund, sondern einfach nur die neue Umgebung, die ungewohnten Anforderungen. Hat sich das Kind daran gewöhnt, verlieren sich diese – wohl zu Recht so bezeichneten – »Ersatzbefriedigungen« meist von selbst.

Ist ein Kind überfordert, weil es noch nicht so lange stillsitzen kann oder weil es den Lernstoff unzureichend versteht, können solche Gewohnheiten jedoch über Jahre bestehen und sich sogar verstärken.

> So harmlos das Daumenlutschen an sich ist, kann es in extremen Fällen doch zu Verformungen des Kiefers und der Vorderzähne kommen. Auch der Finger kann zum Lutschfinger deformieren.

Da das Kind und seine Eltern nicht oder nur sehr selten darunter leiden, besteht in der Regel auch kein Therapiebedarf. Es ist allerdings bei langer Dauer auch sehr schwer, dem Kind das Daumenlutschen wieder abzugewöhnen. Drastische einschränkende Maßnahmen wie das Festbinden des Daumens oder das Überziehen von Handschuhen können, besonders bei entwicklungsrückständigen und emotional schwer gestörten Kindern, die genannten Folgen vermeiden helfen; eine Gewähr für das zuverlässige Unterlassen des Lutschens sind sie nicht.

Das übergewissenhafte Kind

Fallbeispiel Andreas, ein zwölfjähriger heftig stotternder Junge, kommt regelmäßig in meine Sprechstunde. Mit Beginn der sechsten Klasse hatte sich das Stottern in der Schule so verstärkt, daß er in einigen Fächern nichts mehr herausbrachte und sich aus diesem Grund auch nicht mehr meldete, wenn er etwas wußte. Das hatte zur Folge, daß er immer bedrückter wurde und sich Sorgen um seine Zukunft machte.

Andreas ist das einzige Kind; er lebt mit seiner Mutter allein. Seinen Vater kennt er nicht, und es wird auch nicht über ihn gesprochen. Die Mutter, eine stille, sehr gewissenhafte Frau, stottert ebenfalls. Sie ist Cutterin bei einer Fernsehanstalt und hat unregelmäßigen Dienst. Sie sagt, sie liebe ihre Arbeit, beherrsche ihr Handwerk und werde wegen ihrer Genauigkeit und Zuverlässigkeit geschätzt. Sie stehe auf eigenen Füßen und bleibe daher auch mit Andreas allein. Es sei ihr auch zu kompliziert, sich auf eine weitere Person einzustellen. Sie bilde mit ihrem Sohn eine äußerst zuverlässige Einheit. Auf ihn könne sie sich völlig verlassen. Sie habe es wegen des Stotterns seit ihrer Kindheit nicht leicht gehabt. Nun habe sie den ihr gemäßen Platz gefunden und hoffe, daß das Andreas auch gelingen möge.

Die Beziehung zum Sohn scheint sehr verstandesmäßig ausgerichtet zu sein. Zärtlichkeiten wurden, auch als er noch kleiner war, nicht ausgetauscht. Alles läuft über Leistung und Funktionieren. Trotzdem hängt die Mutter sehr an dem Jungen und ist sehr besorgt um ihn. So durfte Andreas bisher nicht allein zur Oma fahren (S-Bahn, eine Stunde Fernbahn ohne Umsteigen), obwohl er es gern möchte. »Ich würde mir ewige Vorwürfe machen, wenn ihm etwas zustieße.«

Andreas nimmt alles sehr ernst. Er geht nie unvorbereitet in die Schule. Um so mehr ärgere er sich, wenn er für eine Leistung eine schlechtere Note bekommen habe, »weil es nicht so flüssig herauskam«. Oft weine er in der Schule, wenn er trotz guter Vorbereitung etwas nicht sagen konnte. Abends liege er oft lange wach und grübele über allerlei nach. So mache er sich Sorgen, ob er es denn schaffen werde, ab der siebenten Klasse aufs Gymnasium zu gehen. Die Klassenleiterin wird ihn dafür empfehlen. Seine Zeugnisse seien gut, aber er habe Angst. Die Überprüfung seiner intellektuellen Leistungsfähigkeit ergab, daß er eine durchschnittliche Intelligenz hat. Das bestätigt meine Vermutung, daß seine guten schulischen Leistungen durch enormen Fleiß und ein hohes Pflichtgefühl zustande kommen. Auch wenn die Mutter Dienst hat und er allein zu Hause ist, erledigt er gewissenhaft erst die Hausaufgaben, ehe er etwas anderes tut. Er möchte auch die Mutter nicht enttäuschen. Hat er die schriftlichen Aufgaben erledigt, geht er mitunter auf den Tennisplatz oder spielt mit einem Freund Tischtennis. Berichtet er davon, ist es für ihn sehr wichtig, ob er andere besiegen konnte, wenn nicht, sucht er nach Rechtfertigungen. Er wirkt selbst beim Spielen stets leistungsbezogen. Ausgelassen sein oder spontan etwas unternehmen kann er nicht. Wenn er die Wohnung verläßt, nachdem die Mutter bereits fort ist, kontrolliert er mehrmals, ob in jedem Zimmer die Fenster geschlossen sind, der Elektroherd abgestellt, der Kühlschrank geschlossen ist. Oft müsse er, nachdem er die Tür zugeschlossen und probiert habe, ob sie auch wirklich verschlossen sei, auf halber Treppe wieder umkehren, um nochmals zu kontrollieren. Dadurch sei er schon zu spät zu Verabredungen gekommen, obwohl er sehr auf Pünktlichkeit achte (er ist zu meinen Terminen meist 15 bis 20 Minuten früher da). Er weiß, wie unnötig es ist, den Herd zu kontrollieren, da dies stets die Mutter macht, bevor sie die Wohnung verläßt. Außerdem gibt es eine Vereinbarung zwischen der Mutter und ihm, daß er den Herd nicht benutzt. Trotzdem kann er den zwanghaften Impuls, es doch zu tun, nicht unterdrücken.

Er möchte, daß ich ihm helfe, den Zwang zu »übertriebenen Kontrollen«, seine Selbstzweifel und Unsicherheit loszuwerden. Sein größter Wunsch aber ist es, flüssiger zu sprechen, um das auch ordentlich sagen zu können, was er weiß.

Gewissenhaftigkeit, Zuverlässigkeit, Gründlichkeit sind Eigenschaften, die einen Menschen zu einem geschätzten Partner machen. So zielt auch die **Erziehung** darauf ab, diese Verhaltensweisen auszubilden. Manche Mütter verwenden viel Energie, um ihren Kindern ein gewisses Maß davon beizubringen. Auch Kindergarten und Schule wirken in diese Richtung, weil durch Unpünktlichkeit, Ungenauigkeit und Oberflächlichkeit unnötige Reibungen entstehen können.

Über diese erlernten Verhaltensmuster hinaus haben aber manche Menschen schon von Kindheit an einen **Hang zur Perfektion,** zum Übergenauen, Übergewissenhaften:

- Sie müssen alles bis ins Detail vorausplanen, sie können sich nicht entspannen, wenn eine Sache noch nicht erledigt ist.
- Sie werden unruhig und können sich nicht mehr konzentrieren, wenn etwas anders als geplant verläuft.
- Es fällt ihnen schwer, sich auf neue Situationen einzustellen.
- Sie sind wenig flexibel, haften am Detail und verlieren dabei den Blick für das Wesentliche einer Situation.

Dieses **Zuviel von an sich wertvollen Eigenschaften** kann den Betreffenden und ihrer Umgebung das Leben sehr erschweren. Auch bei Kindern bestehen mitunter regelrechte Zwänge, über etwas nachgrübeln oder etwas mehrfach überprüfen zu müssen. Solche zwanghaften Gedanken oder Impulse können so stark werden, daß viel Zeit und Energie damit verschwendet wird; denn diejenigen wissen selbst, daß es zu keinem Ende gebracht wird und daß keine Entscheidungen daraus hergeleitet werden.

Andreas kontrolliert die Wohnung mehrmals, obwohl er es eben bereits getan hat. Er zweifelt, ob er wirklich an alles gedacht hat. Er fragt: »Bin ich mir wirklich sicher?« Andere haben den Drang, sich waschen zu müssen, wenn sie z. B. eine Klinke angefaßt oder jemand die Hand gegeben haben. Versuchen sie es zu unterlassen, wenn z.B. das Waschen nach einem Händedruck unmöglich ist oder sehr unhöflich wäre, werden sie unruhig, unsicher, stehen unter starker Spannung, die sich erst löst, wenn sie ihrem Impuls nachgeben können, auch wenn sie ihn als unsinnig erkennen.

Im Kindesalter sind Pedanterie und Übergewissenhaftigkeit ebenso vorhanden wie bei Erwachsenen. Schwere Zwänge beginnen oft erstmals ab der Pubertät. Diese Verhaltensweisen schränken das kindlich-ungezwungene Leben ein und füllen die Zeit mit unsinnigen Gedanken oder Handlungen aus. Die korrekte Pflichterfüllung überlagert Freizeit und unbeschwertes Spielen. So bleibt oft auch nur wenig Raum für Gefühle und zwischenmenschliche Beziehungen. Durch ihre Vorsicht, ihr Bedürfnis zum Absichern, zum »Korrektsein« fallen sie im Kreis der Gleichaltrigen auf.

Besonders schwierig kann es sein, wenn eine charakterliche Veranlagung noch durch eine gleichsinnige Erziehung unterstützt wird. Eine ebenfalls übergenaue Mutter fördert und belohnt meist entsprechende Verhaltensweisen, statt auch mal zu sagen: »So, das reicht nun. Es ist sehr ordentlich, was du geschrieben hast. Nur weil du einen kleinen Strich zuviel gemacht hast, mußt du nicht alles noch einmal schreiben. Jetzt geh spielen«. Ein Gefühl der Sicherheit muß solchen Kindern sehr energisch von außen gegeben werden.

Um solche Zwänge allmählich zu überwinden, muß man sehr behutsam vorgehen und kleine Schrittfolgen wählen. Denn beim Unterlassen dieser Zwangsimpulse entstehen Ängste, und es kostet viel Energie, diese auszuhalten.

> Fragt das Kind, ob auch wirklich nichts passiert, wenn es etwas unterläßt, bestätigt man dies und versucht, es abzulenken.

Die Erfahrung, daß sich aus der Unterlassung keine negativen Folgen ergeben, muß ihm immer wieder gezeigt werden. Will es sich rückversichern, sollte man knappe stereotype Redewendungen benutzen, wie etwa: »Du weißt, daß du dir keine Sorgen machen mußt«, statt immer wieder lange Erklärungen abzugeben.

Fordert ein Kind durch Weinen oder Wutausbrüche, daß man seine Zwänge unterstützt, so ist folgendes für eine erfolgreiche Beeinflussung wichtig: Die Bezugspersonen selbst müssen ruhig und gelassen bleiben, um dem Kind Sicherheit zu vermitteln. Ist es dem Kind gelungen, eine zwanghafte Handlung zu unterlassen, wird es belohnt, z.B. durch ein Lob, durch Zuwendung, durch Token, die gesammelt und eingetauscht werden können in verabredete ideelle oder materielle Werte.

Wichtig ist, daß auch das Ungeplante, Spontane seinen Platz im Leben erhält. Haben sich bei einem Kind Rituale breitgemacht, z.B. den Inhalt der Schultasche mehrfach ein- und auszupacken oder bis 1000 zu zählen, um damit eine gefürchtete Situation zu bannen, muß es lernen, den Gedanken daran im Augenblick der Entstehung zu stoppen. Für Zwangsgedanken und -handlungen gibt es eine Reihe verhaltenstherapeutischer Verfahren, die ambulant oder auch stationär von erfahrenen Therapeuten erlernt werden müssen. Stets ist dabei die Mitarbeit der Familie erforderlich, weil familiäre Bedingungen das bisherige Verhalten entstehen ließen und weiterhin aufrechterhalten.

Bisweilen haben wichtige Bezugspersonen selbst zwanghafte Verhaltensweisen; dann müssen auch sie behandelt werden, da anderenfalls eine erfolgreiche Therapie des Kindes nicht zu erwarten ist.

Insgesamt ist es schwierig und erfordert viel Geduld und ständige Konsequenz, übergewissenhaften, vielleicht sogar zwanghaft veranlagten

Kindern diese Verhaltensweisen abzugewöhnen oder sie zu verringern.

Das schüchterne Kind

Fallbeispiel Anne, ein neunjähriges zierliches Mädchen, hat gerade die zweite Klasse beendet. Noch immer bringt die Mutter sie morgens bis zum Eingang der Schule, obwohl der Weg kurz und unkompliziert ist. Anne hat jeden Morgen Probleme, in die Schule zu gehen. Alles wird sehr langsam erledigt, das Frühstücken wird zur Qual, mitunter klagt sie über Bauchweh oder Schwindel. Weder sind es Ängste vor bestimmten Lehrern noch vor Schülern. Sie hat auch meist den behandelten Stoff verstanden. Sie fühlt sich durch die vielen Kinder, den Lärm, allerlei Anforderungen beunruhigt. Viel lieber bliebe sie zu Hause und würde sich ganz allein beschäftigen oder der Mutter helfen, an der sie sehr hängt.

Schon im Kindergarten hatte Anne Kontaktprobleme. Sie ging dem Lärm aus dem Wege, hielt sich meist in der Nähe der von ihr sehr geliebten Kindergärtnerin auf. In der Schule spricht sie, wenn überhaupt, sehr leise, hält den Kopf gesenkt, schaut niemand an, wenn sie etwas sagt oder angesprochen wird. Auch in den Pausen wird sie nicht gesprächiger. Sie nimmt von sich aus keinen Kontakt zu anderen auf, steht auf dem Schulhof meist etwas abseits und vermeidet es, im Pulk wieder nach drinnen zu gehen. Als sie in der ersten Klasse auf dem Heimweg mehrfach von einigen Jungen geneckt wurde, kam sie weinend nach Hause. Sie mußte nun wieder aus der Schule abgeholt werden, obwohl sie stolz gewesen war, daß sie das schon allein schaffte.

Anfangs bemühten sich mehrere Mädchen um die Freundschaft Annes, luden sie zum Geburtstag ein, wollten sie zum Spielen abholen. Aber sie schlug trotz guten Zuredens der Mutter meist die Angebote aus. Mitunter erfuhr die Mutter nur zufällig von den Einladungen. Inzwischen haben sich die Mädchen andere Spielkameraden gesucht. Man läßt Anne in Ruhe. Nachmittags unternimmt oft die Mutter etwas mit ihr oder sie spielt allein in der Wohnung. Sie liebt ihre Katze und beschäftigt sich oft stundenlang mit ihr. Sie malt auch gern und spielt auf dem Keyboard. Im nächsten Jahr soll sie Klavierunterricht erhalten.

Die Mutter ist im Konflikt: Einerseits sieht sie Ähnlichkeiten mit eigenen Verhaltensweisen. Auch sie ist sehr behütet aufgewachsen und hat auch heute noch Probleme mit ungewohnten Situationen. Ihr Mann, der sie sehr verwöhnte, nahm ihr – wie vorher die Mutter – alle Verantwortung im Alltag ab, da sie Kontakte mied und auch wenig Erfahrung und Sicherheit bei der Klärung ganz alltäglicher Probleme erworben hatte. Nun werde er aber zunehmend ungehalten, wenn sie, obwohl sie genügend Zeit dazu hätte, Behördengänge scheue oder gegen Geselligkeiten Widerstände errichte, die er liebt und die auch für seine berufliche Karriere wichtig sind (sie bekommt dann oft »ihre Migräne«). Oft ist sie ängstlich und unruhig, wenn Anne aus dem Hause geht. Am liebsten weiß sie die Tochter in ihrer Nähe. Sie »räumt ihr alle Steine aus dem Weg«, so daß Anne für ihr Alter recht unselbständig und manchmal auch hilflos ist.

Nun möchte die Mutter aber doch erreichen, daß Anne ihre Ängstlichkeit und Schüchternheit überwindet, damit sie im Umgang mit anderen sicherer und selbstbewußter wird. Bei Anne bestehen ständig Hemmungen und Ängste. Selbst ganz normale »neutrale Situationen« werden als bedrohlich empfunden. So vermeidet sie alle Kontakte außerhalb der Familie, weil sie befürchtet, sich nicht richtig zu verhalten, zu versagen oder sich zu blamieren. Dadurch hat sie aber auch keine Erfolgserlebnisse.

Wenn ein Kind von klein auf den Umgang mit anderen Kindern und Erwachsenen meidet, kann es auch keine Erfahrungen sammeln. Es kann weder gemachte Fehler korrigieren und so »am Ergebnis lernen« noch erfolgreiche Strategien durch Wiederholung vervollkommen. Auf diese Art lernt aber jedes Lebewesen **soziale Kompetenzen**.

Es handelt sich hierbei um ganz einfache **Lernvorgänge**. Wie sage ich z.B. einem anderen Kind, daß ich gern mit ihm spielen möchte? Aus dem Verhalten dieses »angepeilten Kindes«, seiner Gestik und Mimik, kann ich bereits im Vorfeld meinen Erfolg abschätzen und mir eine sichere Ablehnung ersparen, wenn ich schon entsprechende Signale erhalten habe. (Bei Tieren ist das Reagieren auf solche Signale lebenswichtig.) Neben Annäherungsstrategien sind auch solche der Abweisung eine erlernbare Kunst. Man kann etwas, was man nicht möchte, so abzulehnen, daß der andere nicht verletzt ist, daß man im Wiederholungsfalle vielleicht anders entscheiden kann. Weiß ein Kind, daß es in solchen Situationen selbst entscheiden und handeln muß, und hat es entsprechende Erfahrungen gemacht, dann entwickelt es auch Selbstvertrauen und Selbstsicherheit. Ist es dagegen daran gewöhnt, daß andere ihm die Entscheidung abnehmen, kann es auch keine sozialen Kompetenzen und kein Selbstbewußtsein erwerben.

Es gibt vielerlei **Ursachen** für Gehemmtheit, Ängstlichkeit oder Scheu. Sie im Einzelfall zu ergründen, ist aber für eine erfolgreiche Überwindung dieses Verhaltens wichtig. Bei Anne spielen wahrscheinlich zwei Komponenten eine Rolle: Die eine ist, daß Mutter und Tochter möglicherweise in bezug auf das Temperament eine ähnliche Veranlagung haben, in diesem Falle die Bereitschaft, mehr nach innen gerichtet zu leben (Introvertiertheit). Andererseits ist hier die **Nachahmung mütterlichen Verhaltens** unverkennbar sowie Annes Erkenntnis, daß ihr Verhalten von der wichtigsten Bezugsperson, der Mutter, akzeptiert, unterstützt und vielleicht sogar gewünscht, also im Sinne der Lerntheorie positiv bekräftigt wurde.

Das Wissen, daß es für die Lebensbewältigung besser wäre, schon frühzeitig und gewissermaßen so ganz nebenbei die Fähigkeit zu selbständigem Handeln zu erwerben, kann Anne selbst noch nicht haben. Man sollte sie also zunächst mit kleineren, nach und nach größer werdenden Aufgaben betrauen, die selbständiges Entscheiden und Handeln erfordern. Damit werden ihr auch Erfolgserlebnisse vermittelt.

Bei Kindern wie Anne kann es allmählich selbst zu einer Verhaltensänderung kommen, wenn das Bedürfnis nach Kontakt und sozialer Anerkennung in der Gruppe der Gleichaltrigen stärker wird als ihre Ängste und Vorbehalte. Bei ungünstigen Konstellationen kann allerdings auch das Gegenteil eintreten.

Fallbeispiel In einem weiteren Fall, bei Florian, war die Ängstlichkeit mit großer Wahrscheinlichkeit auf ein bestimmtes Ereignis zurückzuführen: Mit etwa drei Jahren war er, als er eines Nachts aufwachte, allein in der Wohnung. Die Nachbarin, die mehrmals nach ihm schauen sollte, fand ihn tränenüberströmt und vor Angst und Kälte zitternd im dunklen Wohnzimmer. Sie brauchte lange, um ihn wieder zum Einschlafen zu bringen. In den folgenden Wochen versuchte er, das Zubettgehen hinauszuzögern, und fragte immer wieder, ob die Eltern auch zu Hause blieben.

Als die Eltern einige Wochen danach an einem Nachmittag Florian wieder einmal für wenige Stunden der Obhut der Nachbarin anvertrauen mußten, schrie er und wollte unbedingt mitgenommen werden. Während er früher in der Betreuung anderer fröhlich spielte, sogar bei einem Nachbarskind über Nacht blieb (was er damals ganz toll fand), war er diesmal nicht zu beruhigen. Die Eltern konnten ihn jedoch nicht mitnehmen, und er mußte mit der Nachbarin in der Wohnung bleiben.

Nach dem Schockerlebnis, sich in der nächtlichen Wohnung alleingelassen zu finden, war die Tatsache, daß die Eltern so einfach weggehen und ihn zurücklassen konnten, für Florian eine neue Belastung. Er erlebte seine Eltern, denen er völlig vertraut hatte, als unzuverlässig; die Geborgenheit war nicht mehr gewährleistet, und eintretende Situationen waren für ihn nicht mehr kalkulierbar.

Kommt ein solches Kind nun in den Kindergarten oder in die Schule, kann sich der Wechsel zwischen vertrauten und fremden Personen und Orten und die entstandene Ängstlichkeit vor solchen Situationen in Ablehnung, Rückzug und sozialer Unsicherheit äußern.

Eine weitere Ursache für unsicheres und ängstliches Verhalten kann darin liegen, daß die Eltern ihren Kindern gegenüber keinen klaren Erziehungsstil haben. Einmal verhängen sie für ein »Vergehen« des Kindes eine harte Strafe, ein anderes Mal bemerken sie es gar nicht (inkonsistentes Verhalten), oder sie schreien das Kind ohne jeden Anlaß an oder schlagen es gar, nur weil sie vielleicht ihre eigene Unausgeglichenheit und ihren eigenen Frust an ihm abreagieren. Für diese Kinder ist das Verhalten der Eltern nicht vorhersehbar und nicht zu beeinflussen. Diese Ohnmacht, das Ausgeliefertsein, die Unkalkulierbarkeit von Folgen bestimmter Verhaltensweisen führt zur Hilflosigkeit. Ein so betroffenes Kind hört auf zu handeln, da ohnehin kein kalkulierbares Ergebnis zu erwarten ist. »Es hat sowieso alles keinen Zweck«. Das hat leider auch Auswirkungen auf weitere Lernprozesse:

> Wenn ein Kind die Erfahrung macht, daß sein Verhalten nicht die gewünschte Reaktion auslöst, sondern ein unberechenbarer und unbeeinflußbarer Effekt eintritt, verliert es das Interesse und die Lust an eigenen Aktionen. Das Kind erkennt nicht mehr die Zusammenhänge zwischen seinem Verhalten und dessen Folgen.

Das erschwert natürlich auch eine erfolgreiche Therapie. Aber auch **unvorhergesehene, als Schock empfundene Ereignisse,** wie z.B. häufiger Wohnungswechsel, Trennung der Eltern, häufiger Wechsel enger Bezugspersonen, z.B. der Kindergärtnerin und Lehrer in den unteren Klassen, oder auch mehrfacher Partnerwechsel eines Elternteils können zur Verunsicherung eines Kindes führen.

Nach Einschätzungen von Lehrern und Erziehern sind über 20 Prozent der Schüler als schüchtern und zurückgezogen bewertet worden. Darunter befinden sich auch Kinder mit **Phobien** (krankhaften Befürchtungen) vor ganz bestimmten Objekten, Situationen und Zuständen, die an dieser Stelle nicht behandelt werden, da sie auf jeden Fall in die Hände professioneller Therapeuten gehören.

Wie kann nun gehemmten, schüchternen, überängstlichen Kindern geholfen werden? Durch ihr Verhalten haben sie schließlich nicht nur Defizite an wertvollen Kontakten und damit an schönen Erlebnissen, sondern auch einen Mangel in ihren sozialen Kompetenzen, der später nur mit viel Mühe ausgeglichen werden kann. Es ist daher im Interesse dieser Kinder wichtig – auch wenn sie das noch nicht selbst als notwendig empfinden –, sie aus ihrer Isolierung zu holen. Man muß es ihnen ermöglichen, spielerisch soziales Verhalten zu lernen. Nur so können sie ein gesundes Selbstbewußtsein entwickeln.

Um diesen Kindern zu helfen, sollten Eltern und Pädagogen sie in kleinen, überschaubaren Schritten auf selbständiges Handeln und Verhalten in vertrauten und in neuen Situationen vorbereiten. Durch entsprechende Erfolgserlebnisse, die sich das Kind selbst zuschreiben kann, sollte es im Umgang mit sich selbst und mit anderen sicherer werden. Jeder Schritt, und sei er auch noch so klein, ist mit Anerkennung zu bekräftigen und nach Möglichkeit mehrfach zu wiederholen. Dazu müssen Eltern oft auch ihre eigene Angst überwinden, dem Kind könnte außerhalb der Wohnung etwas passieren, es könnte eine Niederlage einstecken müssen, einen großen Fehler machen. Ihr Kind spürt diese Ängste und bleibt daher auch unsicher. Es braucht starke Eltern, die ihm Rückhalt und Schutz geben auf dem Weg zu immer größerer Selbständigkeit, die eventuelle Fehlschläge auffangen und gegebenenfalls Trost spenden können. Daher sollten Elternteile, die selbst an Schüchternheit leiden, zu allererst an sich selbst arbeiten.

Besonders kompliziert ist es bei Kindern, die tatsächlich benachteiligt sind, z.B. durch eine Mißbildung oder eine körperliche Beeinträchtigung, sei sie im Bereich der Sinnesorgane, der Geschicklichkeit, der Größe, der Sprache, der Körperkraft, des Gewichts, der Belastbarkeit usw. Im Prinzip gilt jedoch das bereits Gesagte:

> Sie sollten Ihrem Kind Mut machen, es selbst zu versuchen, statt daß Sie es für Ihr Kind tun. Suchen Sie die Stärken Ihres Kindes und beginnen Sie da, sein Selbstvertrauen zu fördern.

Was muß also erfolgen, damit ein Kind wie Anne in sozialen Situationen sicherer wird und damit auch differenzierter agieren und reagieren kann?

Das beginnt damit, ihr das Ziel zu erklären, dessen Erreichung mit Mühe verbunden und trotzdem für sie lohnend ist. Als erstes muß geprüft werden, ob sie wahrnimmt, wie sie sich verhält, ob sie also ihr Verhalten verstehen kann. Das muß an konkreten Situationen durchgespielt werden. (z.B. Blickkontakt aufnehmen, Lächeln, aus dem Gesichtsausdruck eines Fremden seine Stimmung erkennen). Zum Training des Verhaltens werden alltägliche Konstellationen, z.B. aus dem Schulalltag, berichtet:

- Was war gut?
- Was könnte noch besser werden?
- Wie kann das gemacht werden?

Das kann man mit einem oder zwei weiteren Kindern zusammen probieren. Dann werden so schwierige Situationen geübt wie:

- »Nein« sagen
- einen Raum mit mehreren Fremden betreten
- vor mehreren Anwesenden etwas sagen
- allein eine Besorgung machen
- allein einen Ort erreichen usw.

Alle diese Ziele müssen schrittweise erreicht werden. So wird man ein schüchternes Kind nicht zwingen, ohne Vorbereitung allein mit einem öffentlichen Verkehrsmittel einen anderen Ort zu erreichen. Nach Prüfung aller Sicherheitsbedingungen wird man die Strecke – z.B. eine einstündige Bahnfahrt zu den Großeltern – mit dem Zwölfjährigen so lange gemeinsam zurücklegen, bis das Kind sie mit allen Eventualitäten beherrscht und selbst den Wunsch hat, es allein zu versuchen. Ist ein solches Ziel einigermaßen gut bewältigt worden, wird mit Anerkennung nicht gespart. Das nun immer sicherer werdende Kind ist stolz darauf, was es allein geschafft hat, und wird zunehmend selbstbewußter.

Das eben Gesagte muß natürlich nach Alter und Auffassungsgabe eines Kindes variiert werden. Bestehen bei Ihnen berechtigte Zweifel, ob Ihr körperlich oder geistig behindertes Kind in der Lage ist, auf Unvorhergesehenes sinnvoll zu reagieren, muß es vorläufig unterbleiben. Die Gefahren der

Überforderung eines Kindes sind ebenso groß wie die einer Unterforderung. Überforderung führt zu einer noch größeren Angst und Unsicherheit. Daher sind die Schritte so klein wie möglich zu wählen, und ähnliche oder gleiche Situationen sind immer zu wiederholen. Diese Übungen sollten aber die Eltern nicht selbst mit ihren Kindern durchführen, da Widerstände und Spannungen unvermeidlich sind und die Eltern-Kind-Beziehung stören würden. Es empfiehlt sich, einen geschulten Therapeuten hinzuzuziehen und ihn in seinen Bemühungen zu unterstützen.

Das Kind als Teil der Gesellschaft

Seit vielen Jahren beschäftige ich mich damit, Kindern und ihren Eltern, die mit Sorgen und Problemen zu mir kommen, zu helfen. Manche Verhaltensstörungen sind hochgradig belastend, entweder nur für das Kind, andere nur für die Eltern, wieder andere vielleicht nur für Dritte, z.B. einen Lehrer, manche aber auch für alle Beteiligten. Wie stark Verhaltensweisen als störend, als »unnormal« empfunden werden, hängt auch von den Erwartungen ab, die an eine Person gestellt werden. Woran mißt man also Verhalten?

Das gesellschaftliche Zusammenleben kann nur funktionieren, wenn sich die Mitglieder dieser Gesellschaft an bestimmte Regeln halten. Diese **Normen** sind traditionell entstanden, unterliegen aber auch dem Zeitgeist und können von einem Land und Kulturkreis zum anderen sehr unterschiedlich sein. Innerhalb solcher Normen gibt es große Unterschiede in den einzelnen Familien, bedingt durch prägende Lebensereignisse, durch unterschiedliche politische, religiöse und wirtschaftliche Einflüsse, durch charakterliche Veranlagungen und vieles andere mehr. Solche gesellschaftlichen Normen sind in manchen Kulturkreisen und Religionsgemeinschaften auch heute noch sehr streng, während in den meisten europäischen Ländern die Auffassungen darüber, was erlaubt und was angemessen ist, doch sehr liberal geworden sind. Dem Individuum wird hier ein verhältnismäßig großer Spielraum zugebilligt. Das kann – wie z.B. in der Bewegung der 68er Generation – zu extremen Entwicklungen führen.

So gab und gibt es Gruppen, die gesellschaftliche Normen überhaupt in Frage stellen. Sie sind der Meinung, Kinder machen, wenn sie ohne »Fremdbestimmung« durch die Eltern aufwachsen, schon von sich aus immer das richtige. Die Beeinflussung durch Erwachsene wird als »undemokratisch« abgelehnt. Da ein Kind von Natur aus gut sei und sein Verhalten selbst regulieren könne, sei Erziehung überflüssig, ja schädlich.

Nun weiß man sowohl aus praktischer Erfahrung als auch durch systematische Beobachtungen an Kindern, daß sich gesellschaftlich sinnvolles Verhalten nicht »im luftleeren Raum« oder auf einer einsamen Insel von selbst entwickeln kann. Wie bei allen höheren Lebewesen wird zweckmäßiges Verhalten gelernt, und zwar dadurch, daß Vorbilder nachgeahmt werden. Dabei wirken Wiederholung und »Belohnung« positiv auf den Lernvorgang. Dies geschieht mit dem Ziel, daß die Kinder später einen Platz in der Gruppe erreichen und behaupten. Es ist ganz natürlich, daß dieser Weg dahin von den Eltern beschützt und gefördert wird und daß dafür ausgebildete Fachkräfte – Lehrer und Erzieher im weitesten Sinne – unterstützend hinzugezogen werden. Dadurch können den Kindern Umwege oder gar Fehlentwicklungen mit bleibenden Schäden erspart werden.

> »Erziehung« in diesem Sinne ist gerade in den immer komplizierter werdenden Beziehungen unserer Zeit eine Notwendigkeit, aus der sich Eltern nicht wegstehlen sollten. Entscheidend ist immer das »Wie«.

Obwohl bei Tieren der Instinkt noch viel stärker vorhanden ist als beim Menschen, bekommen Tierkinder von ihren Eltern aktiv Verhaltensweisen antrainiert, die sie fürs spätere (Über-)Leben brauchen. Tierkinder, die ohne Muttertier aufwachsen, lernen zweckmäßige Verhaltensweisen nicht oder nur unvollkommen und haben später Probleme, von ihren Artgenossen akzeptiert zu werden. Wenn ein Tier die Normen seiner Gruppe wiederholt verletzt, wird es attackiert, vielleicht sogar vertrieben, was für das Überleben dieses Tieres bedeutsam ist.

Auch der Mensch muß das für ein harmonisches Zusammenleben in der Gruppe zweckmäßige Verhalten in einem mitunter schmerzhaften Prozeß erlernen. Oft ergeben sich Situationen, in die das Kind durch das augenblickliche Verlangen oder durch die kindgemäße Spontaneität oder durch noch nicht erlebte Gefahren gerät. Soll man es gewähren lassen? Soll es selbst lernen, daß Autos stärker sind? Es steht wohl außer Frage, daß Eltern ihr Kind an der Ausführung seiner Intentionen hindern und es so vor Schaden bewahren müssen. Damit werden Grenzen gesetzt, die das kleine Kind als Frustration erlebt. Je nach Temperament beginnt es zu schreien oder zieht sich schmollend zurück, wenn es die Einsicht in Regeln oder in schädliche Folgen seines Handeln noch nicht hat. Ein kleines Kind hat noch kein Zeitgefühl, es möchte seine Wünsche sofort befriedigen. Ebenso schnell will es aber auch etwas anderes.

Gewähren Eltern ihrem kleinen Kind alles, was es gerade will, lernt es: Jeder von mir geäußerte Wunsch wird mir erfüllt. Es kann so weder erfahren, was Vorfreude ist, was Sehnsucht ist, noch kann es lernen, daß ein Ziel, das man mit Anstrengung erreicht hat, wertvoller wird und auch glücklicher machen kann. Vielmehr entwickelt es sich zu einem eigensüchtigen, unlenkbaren, rücksichtslosen Menschen. Das wollen aber die Eltern eigentlich nicht. Sie hatten vielleicht nur mal etwas davon gelesen, daß Kinder psychische Störungen bekommen können, wenn man sie frustriert. Das Gegenteil ist aber der Fall. Das Zusammenleben ist einfacher, wenn ein Kind weiß, woran es ist. Die Eltern müssen ihm einen Rahmen abstecken und ihm damit Sicherheit geben. Allmählich verinnerlicht es diese Verhaltensregeln und lernt daraus, auch ohne daß Dritte eingreifen. Wenn es z.B. die Wand im Spielzimmer beschmiert, mutwillig ein Spielzeug zerstört oder mit Streichhölzern gespielt hat, bekommt es ein schlechtes Gewissen, das wie eine innere Notbremse wirkt. Aber auch die Instanz Gewissen gilt bei manchen Menschen als unmodern. Doch wenn das Haus erst brennt, ist es zu spät, über Versäumtes zu klagen.

Üben Eltern **Macht** aus, wenn sie ihrem Kind Regeln menschlichen Zusammenlebens beibringen?

Ja, sie sind mächtiger als das Kind, sie haben mehr Erfahrung, sie sind in der Lage, das Kind zu beschützen, zu ernähren, zu trösten usw. Sie üben diese Macht aber aus, weil sie das Kind lieben und es vor Schaden bewahren wollen. Es ist für ein Kind katastrophal, wenn Eltern dieses natürliche Gefälle zu beseitigen versuchen. Diese Kinder werden nicht etwa frei und glücklich, sondern unsicher oder aggressiv. Sie suchen Anschluß an eine andere »Macht«, die ihnen – vielleicht sogar ungleich strengere – Regeln vorgibt, die sie befolgen.

Wenn einem Kind die **Geborgenheit** durch ein stabiles Zuhause fehlt, kann es kein Selbstvertrauen entwickeln und sich in der Gruppe viel schlechter behaupten. Damit können spätere Schwierigkeiten im Umgang mit Menschen, seien es Ehepartner, Freunde, Kollegen und schließlich die eigenen Kinder, vorprogrammiert sein.

In diesem Zusammenhang möchte ich auf den Begriff der **Autorität** eingehen, ohne daß ich als Ärztin ihn pädagogisch definieren will. Wenn jemand zu etwas autorisiert wird, bescheinigt man ihm Kompetenz auf diesem Gebiet. Damit verknüpft sich die Erwartung, daß er für die ihm übertragene Sache Verantwortung übernimmt. Diese Sachverantwortung ist häufig mit der institutionellen Autorität verknüpft: Der Direktor einer Klinik hat Befugnisse gegenüber seinen Mitarbeitern, aber er trägt auch die Verantwortung für das, was sie in seinem Kompetenzbereich tun. Ist er ihnen fachlich überlegen und trifft er in Zweifelsfällen die richtigen Entscheidungen, bringen ihm die Kollegen eine selbstverständliche Achtung entgegen. Für die jüngeren ist er ein Vorbild, dem nachzueifern sich lohnt.

Natürlich gibt es auch inkompetente Schwätzer, Schwächlinge, unfähige Chefs, in deren Abteilungen es drunter und drüber geht. Nutzen sie ihre Machstellung, um jede Kritik an ihren Entscheidungen hart zu ahnden und ihre Meinung – auch wenn sie offensichtlich falsch oder ungerecht ist – durchzusetzen, dann verhalten sie sich **autoritär**. Mit diesem Begriff bezeichnet man hartes, intolerantes, diktatorisches Auftreten. Die auf Leistung und Respekt basierende Autorität hat mit diesem Begriff nichts zu tun, wird aber leider oft – unwissentlich oder demagogisch beabsichtigt – mit ihm gleichgesetzt und dadurch abgelehnt. Damit wird ein wichtiger Faktor für die Entwicklung und das Zusammenleben der Menschen verleugnet oder gar verdammt.

Im kindlichen Umfeld, in der Familie, in der Schule, in der Gruppe der Gleichaltrigen, spielt Autorität (Lat. Würde, Ansehen) eine nicht zu unterschätzende Rolle. Ein Kind akzeptiert die Überlegenheit eines Menschen, von dem es Unterstützung und Geborgenheit erhält, dessen Wissen ihm imponiert und dessen Entscheidungen in Krisen oder Konfliktsituationen ihm gerecht erscheinen. Es hat Vertrauen zu ihm, es ahmt ihn nach und macht sich seine Art zu denken, zu handeln und zu fühlen weitgehend zu eigen. Das ist natürliche, ohne jeden Druck entstehende Autorität, weil sie aus menschlichen Qualitäten resultiert.

Im Laufe der Kindheit entwickelt sich ein eigenes Wertsystem; das Kind reflektiert zwar die vielfältigen Einflüsse, aber filtert zunehmend das aus ihnen heraus, was für das eigene Entwicklungsstadium paßt. Es wird mehr und mehr eine eigenständige Persönlichkeit. Die Bindungen zu den erwachsenen Bezugspersonen werden lockerer, vielschichtiger, der Aktionsradius wird größer.

Wenn die Eltern auf manche Fragen keine Antwort mehr wissen, holen sich Jugendliche jetzt auch Rat und Hilfe bei einem »Sachverständigen«, einem Lehrer, einem Freund oder einem Spezialisten. Gleichaltrige werden wichtiger als früher.

> Eltern sollten versuchen, diesen für sie schmerzhaften Prozeß zu akzeptieren. Je weniger sie sich als Konkurrenten anderer fühlen und Eifersucht zulassen, desto größere Chancen bestehen, daß die Jugendlichen ihr Zuhause schätzen und lieben. Auch wenn sie sich sehr selbstbewußt und überlegen geben, brauchen sie Menschen, zu denen sie Vertrauen haben und von denen sie wissen, daß sie sich auf sie verlassen können.

Zu Zerwürfnissen zwischen Jugendlichen und ihren Eltern kommt es häufig, weil die Eltern nicht akzeptieren können, daß sich ihr Kind trotz wirtschaftlicher Abhängigkeit (das ist ja das Problem) zu einer eigenständigen Persönlichkeit entwickelt hat.

Dazu möchte ich den englischen Schriftsteller Aldous Huxley zitieren, der schreibt: »Den Kindern zuviel Freiheit und Verantwortung zu geben heißt, sie einem Drucke auszusetzen, den viele von ihnen nicht aushalten können. Von einzelnen, unnormalen Fällen abgesehen, gefällt es den Kindern, in Geborgenheit zu leben, die Sicherheit zu fühlen, die ein fester Rahmen von moralischen Gesetzen, ja sogar Regeln für das höfliche Benehmen geben. Innerhalb eines solchen Rahmens bleibt immer noch genügend Platz für Erziehung zur Selbständigkeit, Verantwortung und Zusammenarbeit.«

Der Umgang mit den Heranwachsenden befindet sich in einem tiefgreifenden Wandel, der im Rahmen gesellschaftlicher Veränderungen nicht umkehrbar ist. Der Einfluß persönlich verantworteter Erziehung durch die Eltern verringert sich, der Einfluß der Medien und der Gleichaltrigen nimmt zu. Ein Kind ist nicht mehr in dem Maße das Produkt der Familie wie in der bürgerlichen Gesellschaft. Die Zeit bis zur Selbständigkeit eines jungen Menschen hat sich zwar ständig verlängert, die Verantwortung hat aber weitgehend die Gesellschaft übernommen, zumal die meisten Familien dazu gar nicht in der Lage wären. Um so wichtiger ist es, gegen diese vielfältigen, oft nicht überschaubaren Einflüsse ein Gegengewicht zu setzen. Da diese allgemeinen Einflüsse sehr stark sind, sollten sich Eltern nicht vorschnell die alleinige Schuld zuschreiben, wenn sich ihr Kind nicht erwartungsgemäß entwickelt oder gar ein schwieriger Mensch wird.

Literatur

Bernstein, Douglas A./Borkovec, Thomas D.: Entspannungs-Training. Handbuch der progressiven Muskelentspannung, 7. Aufl. Pfeiffer, München 1995

Bettelheim, Bruno: Ein Leben für Kinder. Erziehung in unserer Zeit, 9. Aufl. Deutsche Verlagsanstalt, Stuttgart 1990

Dreßing, Harald/Riemann, Dieter: Diagnostik und Therapie von Schlafstörungen. Gustav Fischer, Stuttgart – Jena – New York 1994

Franke, Ulrike (Hrsg.): Therapie aggressiver und hyperaktiver Kinder, 2. Aufl. Gustav Fischer, Stuttgart – Jena – New York 1995

Hellmich, Achim/Teigeler, Peter (Hrsg.): Montessori-, Freinet-, Waldorfpädagogik. Konzeption und aktuelle Praxis. Beltz Verlag, Weinheim – Basel 1992

Kretschmer, E.: Körperbau und Charakter: Untersuchungen zum Konstitutionsproblem und zur Lehre von den Temperamenten, 26. Aufl. Springer, Berlin – Heidelberg 1977

Meves, Christa: Verhaltensstörungen bei Kindern, 10. Aufl. Piper, München – Zürich, 1991

Mielke, Ursel: Kopfschmerzen bei Kindern. Ullstein Medikus, Frankfurt/Main – Berlin 1993

Mielke, Ursel: Endlich frei von Migräne. Midena Verlag, Augsburg 1994

Mielke, Ursel/David, Helmtraud/Hoppe, Fritzi/Stoll, Antje: Stottern. Ursachen, Bedingungen, Therapie. Ullstein Mosby, Berlin 1993

Myhre, Reidar: Autorität und Freiheit in der Erziehung. Kohlhammer, Stuttgart – Berlin – Köln 1991

Petermann, Franz/Petermann, Ulrike: Training mit sozial unsicheren Kindern. Beltz, Weinheim – Basel 1994

Petermann, Franz/Petermann, Ulrike: Training mit aggressiven Kindern. Beltz, Weinheim – Basel 1994

Rothenberger, Aribert: Wenn Kinder Tics entwickeln. Gustav Fischer Verlag, Stuttgart 1991

Schuberth, Ernst: Erziehung in einer Computergesellschaft. Verein Freies Geistesleben, Stuttgart 1990

Steinhausen, Hans C./von Aster, Michael (Hrsg.): Handbuch der Verhaltenstherapie und Verhaltensmedizin bei Kindern und Jugendlichen. Beltz, Weinheim – Basel 1993

Zentner, Marcel R.: Die Wiederentdeckung des Temperaments. Jungfermann Verlag, Paderborn 1993

Glossar

altruistisch: selbstlos, uneigennützig.

Autismus: Form der Gefühlsstörung, die sich in Unzugänglichkeit und Kontaktunfähigkeit äußert.

autoritäre Erziehung: Erziehungsstil mit bedingungsloser Unterordnung.

Deprivation: Beraubung, Entbehrung.

Deprivationssyndrom: körperlich-seelischer Entwicklungsrückstand bei einem seiner Mutter(person) »beraubten« Kind.

Diagnostik (gr.): Untersuchungsmethode zur Erkennung einer Krankheit.

Differentialdiagnose: Unterscheidung und Abgrenzung ähnlicher Krankheitsbilder.

dissozial: gestörte Beziehungen in der Gemeinschaft.

Disstreß (gr.): lang andauernder starker Streß, wirkt sehr ungünstig.

Elektroenzephalogramm (EEG): Hirnstromkurve.

Emotion: Gemütsbewegung.

emotional: gefühlsbetont.

Eustreß: Reizangebot im physiologisch notwendigen Maße, wirkt günstig.

gestützte Kommunikation: bei nichtsprechenden frühkindlichen Autisten angewandte Methode der Armstützung beim Schreiben (s. auch Autismus).

Hypoglykämie: Absinken des Blutzuckers unter den Normalwert.

Hypothese (gr.): noch unbewiesene Vermutung.

inkonsistentes Verhalten: unbeständiges, nicht vorhersehbares Verhalten.

Inkontinenz (lat.): Unvermögen zu kontrolliertem Zurückhalten, z.B. von Urin, aber auch von Gefühlsausbrüchen.

Introversion: Zurückgezogenheit.

kognitiv: erkenntnismäßig.

Konstitution: auf Erbanlagen und Umwelteinflüssen beruhende Gesamtverfassung eines Organismus.

Koprolalie: krankhafte Neigung zur Verwendung obszöner Wörter.

Laissez-faire-Erziehung (frz.: laßt machen): Erziehungsstil mit ungezügelter Selbstentfaltung.

Legasthenie: Lese-Rechtschreib-Schwäche (bei normaler Intelligenz).

Locus minoris resistentiae (lat.): Ort des geringeren Widerstandes, Schwachpunkt.

Morbus Langdon Down: nach dem Londoner Arzt John Langdon H. Down (1828–1896) genannte Erbkrankheit, bei der das Chromosom 21 dreimal statt zweimal vorhanden ist (auch Trisomie 21).

Nonresponder: Menschen, bei denen therapeutische Maßnahmen keine Wirkung zeigen.

oligoantigene Diät: aufbauende Diät bei allergisch bedingten Störungen, die allergene Substanzen auszulassen versucht (Auslaßdiät).

Parästhesie: anormale Körperempfindung (Kribbeln, Pelzigsein).

Parasympathikus: Teil des vegetativen Nervensystems, Gegenspieler des Sympathikus, mit vorwiegend dämpfender Wirkung auf die Organfunktionen.

Peer: Angehöriger des englischen Adels, auch Mitglied des englischen Oberhauses (House of Lords).

Peer-Gruppe: Bezugsgruppe, die aus Personen gleichen Alters (gleicher Interessen, gleicher Herkunft etc.) besteht.

Phobie (gr.): krankhafte Furcht vor Tieren, Pflanzen, Dingen, Zuständen oder Situationen. Führt zu Meidungsverhalten und Isolierung.

Physiotherapie: den Körper betreffende Behandlungsmaßnahme.

Psychostimulanzien: Substanzen mit anregender Wirkung.

Psychotherapie: Behandlung von Störungen und Erkrankungen mit psychologischen Methoden.

Retardierung, Retardation: Zurückgebliebensein. Gegenüber dem normalen Lebensalter verzögerte körperliche und/oder geistige Entwicklung.

reversibel (lat.): umkehrbar.

Sozialisation: Prozeß der Entwicklung von Qualitäten, die für das Bestehen in der Gesellschaft wesentlich sind.

Sympathikus: Teil des vegetativen Nervensystems, Gegenspieler des Parasympathikus, mit vorwiegend erregender Wirkung auf die Organfunktionen.

Symptom: Krankheitszeichen.

Synapse: Kontaktstelle zwischen Nervenzellen bzw. Sinnes- oder Muskelzellen, über die Informationen geleitet werden.

Token: Münze oder anderes Mittel als »Verstärker« in der Verhaltenstherapie.

zerebral (lat.): zum Gehirn gehörig.

Sachregister

A
Ablenkbarkeit 35
Abwehrstadium 11
Adrenalin 11
aggressive Kinder, Behandlung 79f.
Aggressivität 35, 39
Aktivitäten, körperliche 68
Akupressur 104
Alarmstadium 11, 12
Alkoholabhängigkeit 77
Alkoholkonsum 64
Allergie 73
Altruismus 31
Amphetamine 72
Anerkennung 130
Angst 78, 125
Ängstlichkeit 22, 128
Angstträume 114
Anlagen 15, 31
–, ererbte 16
–, erworbene 16
–, körperliche 6
–, psychische 6
Anpassungssyndrom 11
Anthroposophie 44
Aristoteles 21
Aufschrecken, nächtliches 114f.
Augenmigräne, siehe Migräne, klassische
Aura 97
Autisten 83
autogenes Training 14, 27, 72
Autonomie 37
Autorität 134
Azetylsalizylsäure (ASS) 104, 105

B
Beeinträchtigung, körperliche 130
Befindlichkeit
–, körperliche 11
–, psychische 11
Begegnungsstätte 39

Bekräftigung, positive 83
Belastbarkeit 17
Beteiligung, emotionale 42
Bewegung, reformpädagogische 43
Bezugsperson 32, 38, 77
Bindung, familiäre 94
Bindungsfähigkeit, emotionale 39
Biofeedback-Training 27
Blasenfunktion, Störung 118
Blasentraining 120
Blinzeltic 90
Blutplättchen 98
Botenstoffe 73

C
Carbamazin 105
Carroll, Lewis 98
Charakter 19, 22
Charaktereigenschaften, familiär disponierte 94
Clonazepam 105
Computer 55
Computergesellschaft 56
Computerspiele 55, 57
Cyproheptadin 105

D
Darmdysbiose 65
Darmmilieu, gestörtes 65
Dauerstreß 13, 14
Daumenlutschen 121f.
Dazwischenreden 92
Deprivation 17
Diät, oligoantigene 103
Dienzephalon, siehe Zwischenhirn
Dihydroergotamin 104, 105
Dirigismus 36
Disposition 8, 47
Disstreß 12, 13
Disziplin 48, 49
Domperidon 104